DEUTSCH 4
Rechtschreiben

Kompetent AUFSTEIGEN ...

4. Klasse AHS • NMS

Margit Pieler / Günter Schicho

G&G

Symbolerklärung

Ü 1

Übungsaufgabe:
Die Übungen sind fortlaufend nummeriert, sodass du sie auch im Lösungsteil für die Kontrolle leicht wiederfindest. Einige Übungen kannst du im Buch erledigen (z. B. Ausfüllen von Lückentexten, Einsetzen in Spalten, Unterstreichen im Text), für andere Übungen ist es aber ratsam, dass du dir ein kleines Übungsheft anlegst.

In einem solchen Kästchen findest du **wichtige Kurzinformationen** und **leicht verständliche Erklärungen** zum jeweiligen Thema.

Wichtiger Merksatz! Guter Tipp! Merk dir das gut!

Wenn du Übungen in dieser Schrift siehst,
sind in den Texten Fehler enthalten, die du richtigstellen sollst!

Beachte, dass bei Texten in Großbuchstaben das ß durch SS ersetzt wird!

Dem Buch ist ein Lösungsheft beigelegt, in dem alle Übungen dieselbe Nummer haben wie im Buch und genau ausgearbeitet sind.

Verweis! Schau dort nach!

www.ggverlag.at

ISBN 978-3-7074-1897-2

In der aktuell gültigen Rechtschreibung

1. Auflage 2015
Illustrationen: Elena Obermüller
Printed by Drukarnia Interak Sp. Z o.o., Czarnków, Polen

Liebe Schülerin! Lieber Schüler!

Du hältst ein Übungsbuch in der Hand, das dir helfen soll, den Lernstoff wirklich zu verstehen und mit einer besseren Note in Deutsch in die nächste Klasse aufzusteigen.
Wahrscheinlich hat dir deine Lehrerin/dein Lehrer empfohlen, Grammatik oder Rechtschreiben zu üben. Das kannst du mit dem vorliegenden Übungsbuch besonders gut! Denn die Übungen sind abwechslungsreich und machen Spaß, weil du schnell erste Erfolgserlebnisse hast. Bald wirst du merken, wie viel du schon gelernt hast und dass dir jetzt manches leichter fällt.

„Kompetent AUFSTEIGEN in Deutsch 4 – Rechtschreiben" und „Kompetent AUFSTEIGEN in Deutsch 4 – Grammatik" enthalten den wichtigsten Stoff der 4. Klasse AHS und NMS.
Zu jedem Thema gibt es sehr einfache Merksätze und leicht verständliche Kurzinformationen.
Danach folgen Übungen in unterschiedlichen Schwierigkeitsgraden.
Die Übungen helfen dir, **Sicherheit zu gewinnen** und **dein Wissen richtig anzuwenden**.
Nach jedem Kapitel gibt es einen Schlusstest sowie einen Kompetenz-Check, wo du selbst ankreuzt, was du schon kannst.
Du kannst übrigens auch allein üben, denn alle Übungen sind im Lösungsteil genau ausgearbeitet.

Wir wünschen dir viel Erfolg beim kompetenten AUFSTEIGEN in Deutsch!

Liebe Eltern!

Sie halten ein Übungsbuch in der Hand, das die Deutschkenntnisse Ihres Kindes mit **einfachen Übungen** und **leicht verständlichen Merksätzen** verbessern kann.
Die beiden Bücher „Kompetent AUFSTEIGEN in Deutsch 4 – Rechtschreiben" und „Kompetent AUFSTEIGEN in Deutsch 4 – Grammatik" sind auf die Lernziele, die Ihr Kind im 8. Schuljahr (4. Klasse AHS und NMS) erreichen soll, abgestimmt.
Die Bücher entsprechen den festgelegten **österreichischen Bildungsstandards**.
Sie fördern die **Selbsttätigkeit** Ihres Kindes und helfen ihm, die geforderten **Kompetenzen** zu erlangen.
Deshalb sind die Bücher so aufgebaut, dass ein Selbststudium durch die Lernenden möglich ist.
Hilfe und Interesse seitens einer Lernbetreuung sind aber immer gut!

Zum Umgang mit diesem Buch:
Die Übungen der einzelnen Kapitel sind mit steigendem Schwierigkeitsgrad angelegt, sodass die Lernenden von leichten Anfangsübungen schrittweise zu komplexeren Aufgaben geführt werden.
Jedes Kapitel wird mit einem einfachen Theorieteil eingeleitet. In schrittweisen Erklärungen und mit leicht verständlichen Kurzinformationen werden die theoretischen Voraussetzungen für die folgenden Übungen gelegt.
Die Übungen werden jeweils genau beschrieben und sehr oft beispielhaft vorgearbeitet. Die Antworten können meistens gleich direkt ins Buch geschrieben werden. Für manche Übungen ist ein Übungsheft notwendig.
Im Lösungsteil ist jede Übung komplett ausgearbeitet. Die Beispiele sind so gewählt, dass sie **eindeutig zu lösen** sind und das Kind eine **sichere Kontrolle** hat.
Die Übungsbücher sind **lehrbuchunabhängig** und können neben jedem Schulbuch verwendet werden.
Sie können auch als Nachschlagewerk bei etwaigen Fragen zu Grammatik und Rechtschreibung dienen.
Zur Festigung und weiteren Überprüfung können die Übungstexte der beiden Bände für kurze Diktate verwendet werden.
Bei Schülern mit Schwierigkeiten in Deutsch kann durch das Hinführen zum Verständnis von grammatikalischen und orthografischen Zusammenhängen und durch gezieltes Üben eine merkliche Verbesserung erreicht werden. Diese beiden Übungsbände helfen dabei!

Viel Erfolg wünschen Ihrem Kind

Margit Pieler und Günter Schicho

Inhalt

Groß- und Kleinschreibung

Nomen (Namenwörter)

Zur Wiederholung:
Nomen werden immer **großgeschrieben**.
Sie bezeichnen Lebewesen, Tiere, Dinge und Gedachtes.

Ein Nomen erkennt man am **Begleiter** (Artikel, Fürwort), den es bei sich führt oder den man sich dazudenken kann. Außerdem kann man das Nomen in alle **Fälle** setzen (deklinieren) und von fast allen Nomen die **Mehrzahl** (Plural) bilden.

Nomen sind unter anderem auch an folgenden **Nachsilben** zu erkennen:
-heit, -keit, -tum, -ung, -nis, -sal, -schaft, -ling

Beispiele:
das Ergeb**nis**, der Schwäch**ling**, seine Gesund**heit**, ihre Freundlich**keit**

Ü 1

In den folgenden Wortschlangen finden sich häufig gebrauchte Redensarten. Löse sie auf! Beachte die Groß- und Kleinschreibung, unterstreiche die Nomen!

sichingutergesellschaftbefinden	sich in guter Gesell**schaft** befinden
mitjemandembruderschafttrinken	______
seinemschicksalinsaugesehen	______
mitblindheitgeschlagensein	______
jemandenzurverantwortungziehen	______
imrampenlichtderöffentlichkeitstehen	______
derlieblingallerseinwollen	______
mitseineransichtimirrtumsein	______
jemandemhindernisseindenweglegen	______

Ü 2

In den folgenden Sprichwörtern fehlen die angeführten Nomen. Setze sie richtig ein! Verwende jedes Nomen nur einmal!

Selbsterkenntnis – Wahrheit – Müdigkeit – Dummheit – Bescherung – Höflichkeit – Beharrlichkeit – Einbildung – Freundschaft – Bescheidenheit

1. Kinder und Narren reden die ______.
2. Gegen ______ kämpfen Götter selbst vergebens.
3. ______ führt zum Ziel.
4. Kleine Geschenke erhalten die ______.

5. ______________________ ist eine Zier.
6. Da haben wir die ______________________!
7. ______________________ ist der erste Weg zur Besserung.
8. ______________________ ist auch eine Bildung.
9. Pünktlichkeit ist die ______________________ der Könige.
10. Nur keine ______________________ vorschützen!

Zur Erinnerung:
Groß schreibt man natürlich auch am Beginn eines Satzes, nach Doppelpunkt bei wörtlicher Rede und nach Doppelpunkt, wenn ein vollständiger Satz folgt.

Nomen, die nur auf den ersten Blick Nomen sind

Es gibt Wörter, die ihre **nominalen Merkmale verloren** haben und deshalb **kleingeschrieben** werden müssen. Dazu gehören

- die Wörter **angst**, **bange**, **bankrott**, **feind** (böse), **gram** (böse), **leid**, **pleite**, **recht**, **unrecht**, **schuld** u. a. Sie werden in Verbindung mit den Verben **sein**, **werden** und **bleiben** **kleingeschrieben**. Sie sind dann **Adjektive**. Frage: **Wie?**
  Beispiele:
  Ihm wird angst und bang. Wir sind bankrott/pleite. Ich bin dir nicht gram.
  Es ist mir leid um dich. Das ist mir recht/unrecht. Du bist schuld.

  Ausnahme:
  Die Wörter **Recht** und **Unrecht** können in Verbindung mit den Verben **behalten, bekommen, geben, haben, tun groß- und kleingeschrieben** werden.
  Beispiele:
  Silvia hat Recht/recht. Ich gebe dir Recht/recht.

- ursprüngliche Nomen, die zu Präpositionen oder Adverbien geworden sind.
  - **dank** (deiner Hilfe), **kraft** (ihres Amtes), **laut** (seiner Aussage), **statt** (des Heftes), **wegen** (des Lärms), **trotz** (unserer Beschwerde), **um** (des Friedens) willen, **zeit** (ihres Lebens)
  - mit der Endung **-s**:
    abseit**s**, anfang**s**, angesicht**s**, hunger**s** (= an Hunger), mangel**s**, mittel**s**, namen**s**, rechten**s** (= mit Recht), seiten**s**, seit alter**s** (seit jeher), willen**s**, teil**s** – teil**s**

Ü 3

Ergänze jeweils das fehlende Wort in der richtigen Schreibung!
Entscheide, ob es sich um ein Nomen oder Adjektiv handelt!

Wende folgende Hilfe an:
Frage: „Was?“ ⟶ Großschreibung, Frage: „Wie?“ ⟶ Kleinschreibung

1. ANGST:
   Silvia wurde ______________ und bang, wenn sie daran dachte, dass ihre Freundin noch im Wald war.
   Da er kreidebleich im Gesicht war, konnte ihm jeder ansehen, dass er große ______________ hatte.

2. GRAM (= böse oder Kummer, Sorge):
   Vor lauter __________ über den Tod ihres Mannes wusste die Witwe weder aus noch ein.
   „Nein, ich bin dir nicht __________, auch wenn ich von dir eine andere Entscheidung erwartet hätte", sagte sie.
3. LEID:
   Ein Sprichwort lautet: „Freud und __________ liegen nahe beieinander."
   Ständig hatte er eine andere Ausrede. Nun war sie es endgültig __________, auf ihn Rücksicht zu nehmen.
4. PLEITE:
   Jedes Jahr schlittern unzählige Firmen in Österreich in eine __________.
   Wenn er so weitermacht, wird er bald __________ sein.
5. SCHULD:
   Wer __________ an dem verheerenden Zugsunglück ist, das werden die Sachverständigen in den nächsten Wochen klären.
   Sie hatte alles richtig gemacht und war sich deshalb keiner __________ bewusst.
6. RECHT:
   Meiner Mutter ist es nicht __________, wenn ich nach der Schule nicht gleich nach Hause komme.
   Ja, die Dame hatte __________ gehabt. Der Zug war bereits abgefahren.
7. ERNST:
   Plötzlich wurde aus dem Spiel der Kinder __________ und sie begannen zu raufen.
   Barbara meinte es __________ mit ihrer Drohung, die Polizei einzuschalten.

Ü 4

Überlege, ob groß- oder kleingeschrieben werden muss!
Ergänze in den angeführten Sätzen den richtigen der vorgegebenen Buchstaben!

1. A/a: Schon von __nfang an war er dabei.
   Es war __nfangs alles in Ordnung.
2. H/h: In vielen Entwicklungsländern müssen auch heute noch Kinder __ungers sterben.
   Bettina hatte großen __unger.
3. W/w: Wir zeigten unseren guten __illen und halfen mit.
   Bernd war __illens, an seinem Verhalten etwas zu ändern.
4. R/r: Jeder hat das __echt, seine Meinung zu äußern.
   Seine Geldforderungen sind nicht __echtens (= rechtmäßig).
5. A/a: Monika stand mehrere Meter __bseits und beobachtete alles.
   Schon wieder stand die Fußballerin im __bseits.
6. N/n: Wer kennt den __amen der neuen Schülerin?
   In meiner Klasse sitzen zwei Schülerinnen __amens Hannah.
7. S/s: Ich kann die Unzufriedenheit __eitens der Eltern verstehen.
   Schnell wechselte er die __eite.
8. A/a: Sie klärten die Angelegenheit von __ngesicht zu __ngesicht.
   Der Mann bereute __ngesichts des Todes seine Sünden.
9. M/m: Die Veranstaltung wurde __angels Zuschauerinteresses abgesagt.
   Es herrschte ein __angel an freiwilligen Helfern.
10. F/f: Mein Vater sollte einspringen, __alls sie krank wäre.
    Auf jeden __all wollte Tante Lea zu Besuch kommen.

Ü 5 **Ergänze jeweils das fehlende Wort in der richtigen Schreibung! Entscheide, ob es sich um ein Nomen oder um ein Vorwort handelt!**

1. DANK:
   Der Fall konnte ______ der Mithilfe der Bevölkerung bald gelöst werden.
   Ihm gebührt großer ______ für seine tatkräftige Unterstützung bei der Verwirklichung des Projekts.
2. TROTZ:
   Allen Warnungen zum ______ gingen die Kinder dennoch im See schwimmen.
   Die Buben liefen ______ der Warnungen der Erwachsenen auf den zugefrorenen Teich.
3. LAUT:
   Ungefähr ein Drittel aller Österreicherinnen und Österreicher ist ______ dieser Studie zu dick.
   Der Hund gab keinen ______ von sich und verkroch sich unter dem Tisch.
4. KRAFT:
   Das neue Nichtraucherschutzgesetz tritt am 1. Jänner österreichweit in ______.
   Der Kampfrichter erklärte ______ seines Amtes den Versuch der Hochspringerin für ungültig.
5. WEGEN:
   Alle Anrainer des Grundstückes müssen von Rechts ______ über die Bauverhandlung informiert werden.
   Die Pilger mussten sich zwischen zwei ______ entscheiden.
6. STATT / STÄTTE:
   Meine Tante und mein Onkel nahmen voriges Jahr ein Waisenkind an Kindes ______ an.
   Nach langen Jahren der Abwesenheit kehrte er an die ______ seiner Geburt zurück.
7. WILLEN:
   Gegen ihren ______ wurden die beiden Rennpferde verkauft.
   Um Gottes ______, was ist denn hier passiert?
8. ZEIT:
   Sie kämpfte ______ ihres Lebens für die Gleichberechtigung der Frauen.
   Gerne hätte ich zur ______ Maria Theresias gelebt.

Verben (Zeitwörter)

Der Infinitiv (die Nennform) als Nomen

Zur Wiederholung:
Verben werden in der Regel **kleingeschrieben**. Wird der **Infinitiv** (die Nennform) des Verbs aber **wie ein Nomen gebraucht**, dann schreibt man ihn **groß**.

Der Infinitiv des Verbs wird zu einem Nomen, wenn

1. ein **Artikel** (Beispiel: **das W**etten),
   eine **Präposition** (Beispiel: **vor** lauter **L**achen) oder
   ein **„versteckter Artikel"** in Form einer Verbindung von Vorwort und Artikel (Beispiel: **beim B**ettenmachen, **vom S**ingen) vor ihm steht.
   Als „versteckte Artikel" gelten: **zum** (= zu dem), **beim** (= bei dem), **vom** (= von dem), **am** (= an dem), **im** (= in dem), **ans** (= an das), **ins** (= in das) usw.

2. ein **Artikel hinzugefügt werden kann.**
   Beispiel: Ihm verging (das) **H**ören und (das) **S**ehen.
3. ein **Pronomen** (Fürwort) oder ein **Adjektiv** (Eigenschaftswort) zu ihm gehören.
   Beispiele: **unser S**cherzen, **schnelles S**chwimmen

Verben können **in Verbindung mit anderen Wörtern zu einem Nomen** gemacht werden.
Man schreibt sie dann **groß und zusammen**.

Beispiel:
das Staubsaugen, **zum S**chifahren

Näheres dazu erfährst du im Kapitel „Getrennt- und Zusammenschreibung"!

Ü 6

Wandle die angeführten Sätze so um, dass die Verben nominal gebraucht werden!

Halte dich an das Beispiel:
Zu fliegen, davor hat meine Großmutter panische Angst.
Vorm Fliegen hat meine Großmutter panische Angst.

1. Die schwierige Quizfrage richtig zu beantworten, das ist der Kandidatin leider nicht möglich.
   Das __________
2. Geht meine Mutter laufen, trägt sie immer einen Discman.
   Beim __________
3. Trotz der brütenden Hitze dachte der Marathonläufer kein einziges Mal daran aufzugeben.
   Ans __________
4. Um die wichtigsten Informationen zu markieren, borgt sich Florian von Tim einen Leuchtstift aus.
   Zum __________
5. Dem jungen Schispringer gelang es heute mehrmals, punktgenau vom Schanzentisch abzuspringen.
   Das __________
6. Bevor wir wegfahren, kontrolliert mein Vater noch einmal den Luftdruck in den Autoreifen.
   Vorm __________
7. Da sie so viel gelacht hat, tut ihr schon der Bauch weh.
   Vom __________
8. Mir macht es Spaß, mit ihr in einer Gruppe zusammenzuarbeiten.
   Das __________
9. Das Gelernte nochmals zu wiederholen, dafür blieb Fiona leider keine Zeit mehr.
   Fürs __________
10. Leider hatte sie vollkommen darauf vergessen, einen Regenschutz einzupacken.
    Aufs __________

Ü 7

Wandle die vorgegebenen Verbindungen von Adjektiven/Partizipien und Verben in Fügungen mit Großschreibung um!

Verbindung	gebeugtes Adjektiv/Partizip und Verb	Pronomen (3. Person EZ) und Verb
laut schluchzen	lautes Schluchzen	sein/ihr Schluchzen
sorgfältig arbeiten		
überlegt formulieren		
intensiv üben		
schnell antworten		
genau zuhören		
richtig verhalten		
mutig auftreten		
überzeugend argumentieren		
langsam sprechen		
besonnen handeln		

Der Infinitiv wird nur nach **„zum“** (= Vorwort + Artikel, zu dem), nicht aber nach **„zu“** großgeschrieben!

Beispiele:
Sie fordert ihn auf, gemeinsam mit ihr **zu** musizieren.
Zum Kontrollieren der Rechnungen blieb keine Zeit mehr.

Ü 8

Entscheide, ob der Infinitiv groß- oder kleingeschrieben wird!
Setze die in den Klammern angeführten Verben richtig ein! Achte auf die Regeln!

1. Die Verhandlungen der beiden Parteien über eine mögliche Regierungsbildung sind leider ins ______ (stocken) geraten.
2. „Hier gibt es nichts zu ______ (lachen)!“, sagte Miriam scharf, die die Reaktion ihrer Freundinnen nicht ______ (begreifen) konnte.
3. Männliche Singvögel singen, um ihr Revier zu ______ (verteidigen) und um Weibchen ______ (anzulocken).
4. Bei meinem Freund liegen ______ (weinen) und ______ (lachen) nahe beisammen.
5. Obwohl man mir klagloses ______ (funktionieren) des Gerätes versprochen hatte, war es bereits nach einer Woche defekt.
6. Sie war dem ______ (weinen) nahe, als sie sah, dass all ihre Mühe vergebens gewesen war.
7. Leider stellte sich heraus, dass alles ______ (hoffen) umsonst gewesen war. Der verlorene Ring wurde nicht mehr gefunden.
8. Meine Tante wollte nichts ______ (unternehmen), um doch noch zu ihrem Recht zu ______ (kommen).

9. Nur durch blitzartiges ____ (bremsen) gelang es dem Autofahrer, einen möglichen Auffahrunfall zu vermeiden.
10. Alles ____ (zureden) und ____ (warnen) half nichts. Er entschloss sich doch dazu, das zu ____ (machen), was er für richtig hielt.
11. Das ____ (rauchen) ist in diesem Teil des Restaurants untersagt. Wir ersuchen alle Gäste, sich an dieses Verbot zu ____ (halten).
12. Wie ihre Mutter bezeichnet auch sie ____ (lesen) und ____ (reiten) als ihre liebsten Hobbys.
13. Aus dem Keller drang ein unheimliches ____ (scharren). Nur mit ____ (zittern) und ____ (zagen) öffnete er die Tür.
14. Nikolaus hilft seinem Vater ____ (kochen), dafür geht ihm dieser danach beim ____ (abwaschen) zur Hand.

Ü 9

Entscheide, ob der Infinitiv groß- oder kleingeschrieben wird!
Setze die in den Klammern angeführten Verben richtig ein! Achte auf die Regeln!

Warum machen die Fische den Mund ständig auf und zu?

Das ____ (öffnen) und ____ (schließen) des Mundes dient dem ____ (atmen). Fische haben ja Kiemen, mit denen sie es schaffen, den Sauerstoff aus dem Wasser zu ____ (holen). Mit dem ____ (aufmachen) des Mundes erreichen sie, dass das Wasser an ihren Kiemen ____ (vorüberströmen) kann. Dabei nehmen sie eine Portion Wasser auf und pressen es durch die Kiemenspalten, die seitlich am Kopf sitzen, wieder hinaus. Diese sind allerdings nicht zu ____ (sehen), weil sie von einem harten, aber beweglichen Deckel, dem „Kiemendeckel“, zugedeckt werden. Knapp nach jedem ____ (schließen) des Mundes lüftet der Fisch seine Kiemendeckel. Würde man das Wasser ____ (färben), dann könnte man ____ (beobachten), wie es mit ziemlicher Gewalt aus den Kiemen strömt. Allerdings sind nicht alle Fische auf so aufwendiges ____ (atmen) angewiesen. Einige begnügen sich mit einem spaltbreiten ____ (öffnen) des Mundes und einem geringen ____ (heben) der Kiemendeckel. Um das ____ (wahrnehmen) zu ____ (können), muss man schon sehr genau ____ (beobachten). Nach dem ____ (fressen) macht ein Fisch besonders heftige Atembewegungen. Für ihn ist dies so, wie wenn wir einen zu großen Brocken schlucken und in der Zeit zum ____ (anhalten) der Luft gezwungen wären.

Kiemen sind Organe in Form roter Büschel, die zu beiden Seiten des Kopfes zu ____ (finden) und von einem dichten Netz aus feinen Adern, in denen das Blut strömt, durchzogen sind. Sie haben eine dünne Haut, sodass der Sauerstoff aus dem Wasser ins Blut ____ (sickern) kann. Um diese zu ____ (schützen), brauchen sie eben den ziemlich harten Kiemendeckel.
Übel dran ist die Muräne, ein aalartiger Fisch aus dem Korallenriff: Aufgrund ihrer kleinen Kiemenöffnungen ist sie gezwungen, ständig ihre Kiefer mit den eindrucksvollen Zähnen zu ____ (öffnen) und zu ____ (schließen). Zusammen mit dem starren Blick wirkt das auf manche Taucher wie ein unaufhörliches ____ (vorbereiten) auf einen tödlichen Biss – wahrlich furchterregend. Dabei will sie ja nur Sauerstoff ____ (schnappen)!

(Nach: Reinhold Gayl, Renate Maderbacher: 100 Kinderfragen zur Natur. Frage 44. G&G Verlag, Wien 2007)

Adjektive (Eigenschaftswörter) und Partizipien (Mittelwörter)

Adjektive und Partizipien als Nomen und als Beifügungen

Zur Wiederholung:

Großschreibung
Adjektive und Partizipien werden in der Regel **kleingeschrieben**.
Werden sie allerdings **wie ein Nomen gebraucht**, so schreibt man sie **groß**.

Adjektive und Partizipien werden zu **Nomen**, wenn
1. sich **ein Artikel** oder **ein Pronomen** auf sie bezieht.
   Beispiele: **die E**rfolgreiche, **jeder I**ntelligente, **die W**einende (= Partizip 1),
   der Gerettete (= Partizip 2), **alle E**nttäuschten (= Partizip 2)
2. ein **unbestimmtes Zahlwort** vor ihnen steht.
   Unbestimmte Zahlwörter sind:
   alles, etwas, nichts, wenig, manch(es), viel, allerlei, vielerlei ...
   Beispiele: **alles G**ute, **viel E**rfreuliches, **nichts B**edrückendes (= Partizip 1),
   wenig Gelungenes (= Partizip 2)

Kleinschreibung
Werden **Adjektive und Partizipien** als **Beifügungen** zu einem Nomen oder als **Artergänzungen** in einem Satz verwendet, so schreibt man sie **klein**.
Beispiele:
der **erfolgreiche** Politiker (aber: der Erfolgreiche)
der Politiker ist **erfolgreich**
der **laufende** Bub (aber: der Laufende), die **vermisste** Bergsteigerin (aber: die Vermisste)

Ü 10 **Gebrauche die als Beifügungen zu Nomen verwendeten Adjektive nominal! Halte dich an das Beispiel!**

der **dankbare** Gast	**der D**ankbare
der gefährliche Gegner	
jeder ehrliche Bürger	
der neugierige Hund	
der interessierte Besucher	
mehrere hilfsbereite Schülerinnen	
die strebsame Studentin	
die erfolgreiche Managerin	
der angenehme Nachbar	
die einsame Künstlerin	
die übermütigen Spielkameraden	
viele hungrige Katzen	
wenige unvorsichtige Wanderer	

Auch der **Superlativ** (Höchststufe des Adjektivs) – erkennbar an der Endung -st(en) – kann **als Nomen** verwendet werden. Davor steht dann meist **ein Artikel**.

Beispiele: **der G**eizig**ste, die B**eliebte**ste**

Kleingeschrieben wird der Superlativ aber,

- wenn er als **Beifügung** zu einem Nomen verwendet wird.
  Beispiele: der **geizigste** Einwohner, die **beliebteste** Schauspielerin
- wenn **„am"** davor steht.
  Beispiele: **am g**eizigsten, **am b**eliebtesten

Ü 11

Bilde zu den Adjektiven aus Übung 10 den Superlativ!
Stelle einmal den Artikel und einmal „am" davor!
Schreibe die Lösungen in dein Übungsheft! Halte dich an das Beispiel!

Beispiel: **der D**ankbar**ste** – **am d**ankbar**sten**

Ü 12

Gebrauche die als Beifügungen zu Nomen verwendeten Partizipien nominal!
Halte dich an das Beispiel!

	Satzgliedklammer
die von einem Hund gebissene Frau	**die** von einem Hund **Gebissene**
die im Wartezimmer sitzenden Patienten	
viele von der Show enttäuschte Zuseher	
der wegen Mordes angeklagte Mann	
der vor Kurzem entlassene Häftling	
mehrere im See badende Kinder	
die bei einem Unfall getötete Lenkerin	
jeder beim Vortrag anwesende Zuhörer	
alle mit dem Bus reisenden Pensionisten	
die an dem Lokal vorbeigehenden Passanten	
die von den Betrügern geschädigten Kunden	
die nach Mariazell wandernden Pilger	
alle vom Richter verhörten Zeugen	
einige ziemlich betrunkene Fans	

Ü 13

Verwende die angeführten Adjektive und Partizipien mit dem jeweiligen unbestimmten Zahlwort nominal! Schreibe sie in dein Übungsheft!

Beispiele: **viel D**ramatisches, **viel Ü**berraschendes, **viel U**nüberlegtes

alles: traurig, belastend, gewünschte
nichts: fremd, hemmend, erprobt
etwas: klein, beruhigend, gelernt
manch: alt, aufmunternd, misslungen
genug: ungewöhnlich, spannend, unerwartet
viel: lesenswert, belebend, versäumt
wenig: vermeidbar, berührend, gekocht
allerlei: abwechslungsreich, überzeugend, gebraten

Ü 14

Fülle in den Sätzen die Lücken!
Gebrauche das in der Klammer als Beifügung verwendete Adjektiv oder Partizip nominal!
Setze den Artikel oder das unbestimmte Zahlwort davor!

Beispiele:
Heute Nachmittag habe ich leider keine Zeit für dich, weil ich **allerlei Dringendes** (**allerlei** dringende Angelegenheiten) zu erledigen habe.
Der **Betrunkene** (betrunkene Mann) wurde daran gehindert, in sein Auto zu steigen.

1. Nachdem die Kidnapper das Lösegeld erhalten hatten, ließen sie __________ (die entführten Geiseln) frei.
2. Der __________ (verletzte Abfahrer) wurde noch an Ort und Stelle auf der Piste ärztlich versorgt.
3. Konsumentenschützer empfehlen, vor Unterzeichnung eines Vertrages unbedingt __________ (die klein gedruckten Informationen) zu lesen.
4. Aufgrund der Schließung des Werkes verlieren alle bei dieser Firma __________ (beschäftigten Arbeiterinnen) ihre Stelle.
5. In der Dokumentation konnte man nur __________ (wenige neue Details) über das Leben im antiken Griechenland erfahren.
6. Verschone uns mit deinen belanglosen Ausführungen, es gilt wahrlich __________ (wichtigere Dinge) zu diskutieren.
7. Alle zum Fest __________ (geladenen Gäste) wurden ersucht, in Abendkleidung zu erscheinen.
8. Der von seinem Geschäftspartner um viel Geld __________ (betrogene Mann) erstattete Anzeige.
9. Der Film, den sich Lara mit Benjamin ansah, hatte __________ (allerlei spannende Momente) zu bieten.
10. Kurz vor Beginn der Expedition sollten wir zusammenkommen und noch einmal __________ (alle wichtigen Details) besprechen.
11. In den Regalen des großen Lebensmittelgeschäftes konnte man __________ (viele preiswerte Artikel) finden.
12. Die Festspielbesucher unternahmen __________ (alle möglichen Schritte), um doch noch zu Karten für das Konzert zu kommen.

Beziehen sich **allein stehende Adjektive oder Partizipien** auf vorangehende oder folgende Nomen, d. h., werden sie als **Beifügungen** verwendet, schreibt man sie **klein**.

Beispiel:
Meine Tante besitzt zwei Katzen. Die **getigerte** hat sie sich voriges Jahr gekauft, die **schwarz gefleckte** hat sie von einem Bauern geschenkt bekommen.

Man könnte den Satz auch folgendermaßen formulieren:
Meine Tante besitzt zwei Katzen. Die **getigerte Katze** hat sie sich voriges Jahr gekauft, die **schwarz gefleckte Katze** hat sie von einem Bauern geschenkt bekommen.

Wenn du **unsicher** bist, ob ein allein stehendes Adjektiv oder Partizip als Beifügung zu einem Nomen verwendet wird, **wiederhole zur Probe das Nomen**!

Ü 15

Entscheide, ob die Adjektive/Partizipien als Nomen oder als Beifügungen gebraucht werden! Setze die in Klammer angeführten Adjektive und Partizipien in der richtigen Schreibung ein!

1. Von allen erhobenen Daten wurden nur die __________ in den Computer eingegeben. (WICHTIGSTEN)
2. Barbara hält in ihrer __________ Hand ihre Schibrille, mit der __________ greift sie nach ihrer Haube. (LINKEN, RECHTEN)
3. Das __________ an der Entscheidung ist, dass die Geschworene nicht weiß, welchem der beiden Zeugen – dem __________ oder dem __________ – sie glauben soll. (SCHWIERIGE, ÄLTEREN, JÜNGEREN)
4. Die __________ Lage der Firma war äußerst schwierig, trotzdem versuchte der Inhaber noch, das __________ daraus zu machen. (FINANZIELLE, BESTE)
5. Alle Spendengelder der Aktion „Licht ins Dunkel" kommen ausschließlich __________ und __________ zugute. (BEHINDERTEN, BEDÜRFTIGEN)
6. Weißt du eigentlich, was mit dem Sprichwort „Wie die __________ sungen, so zwitschern auch die __________" gemeint ist? (ALTEN, JUNGEN)
7. Unter allen Wintersportlern der letzten fünfzig Jahre gilt er als einer der __________. (ERFOLGREICHSTEN)
8. Gott sei Dank strich die Prüfungskandidatin im letzten Moment noch das __________ durch und schrieb das __________ hin. (FALSCHE, RICHTIGE)
9. Obwohl man der Kundin einen __________ Fernsehapparat angeboten hatte, entschied sie sich aus Qualitätsgründen doch für den __________. (BILLIGEREN, TEUREREN)
10. Von allen Theatern Wiens ist das Burgtheater das __________. (BERÜHMTESTE)
11. Mit ihrer __________ greift sie nach ihrem Zauberstab, mit ihrer __________ blättert sie im vor ihr liegenden Buch. (LINKEN, RECHTEN)

Der Superlativ (die Höchststufe des Adjektivs) mit „aufs“

1. **Superlative mit „aufs“** (= auf das), die mit **„Auf was?“** bzw. **„Worauf?“** erfragt werden können, schreibt man **groß**.
   Beispiel: Sie hatte es **aufs** (= auf das) **Teuerste** abgesehen.
   (Auf was bzw. worauf hatte sie es abgesehen?)
2. **Superlative mit „aufs“** (= auf das), die auch mit **„Wie?“** erfragt werden können, dürfen **sowohl klein- als auch großgeschrieben** werden.
   Beispiel: Von seiner Leistung bei der Prüfung war ich **aufs** (= auf das) **angenehmste/aufs** (= auf das) **Angenehmste** überrascht. (Wie war ich überrascht?)

Ü 16

Ergänze in den folgenden Sätzen die in Klammer angeführten Superlative mit „aufs“! Gib bei zwei Schreibmöglichkeiten beide an! Frage nach dem Superlativ mit „Auf was?“ bzw. „Worauf?“ und „Wie?“, bevor du dich entscheidest! ACHTUNG: SS kann zu ß werden!

1. Patrick wies die Vorwürfe seiner Mutter ____________________ zurück. (AUFS ENTSCHIEDENSTE)
2. Die Schülerinnen und Schüler der 4c empfingen den Austauschschüler ____________________. (AUFS FREUNDLICHSTE)
3. Durch ihre Detailkenntnisse bewies Lisa, dass sie ____________________ informiert war. (AUFS BESTE)
4. Ihr Referat hatten die beiden Studentinnen ____________________ vorbereitet. (AUFS GENAUESTE)
5. Mit Bauchweh und ____________________ gefasst, öffnete die Witwe den Brief. (AUFS SCHRECKLICHSTE)
6. Der eher unsportliche Schüler hatte den Hindernisparcours bravourös gemeistert, weswegen der Lehrer ____________________ erstaunt war. (AUFS ÄUSSERSTE)
7. Gott sei Dank lebte er noch, aber die Piraten, denen er in die Hände gefallen war, hatten ihn ____________________ zugerichtet. (AUFS SCHLIMMSTE)
8. Sie beschlossen ____________________, das ihnen zur Verfügung stand, zurückzugreifen. (AUFS BESTE)
9. Der Direktor des Fünfsternehotels eilte herbei, um den berühmten Gast ____________________ zu begrüßen. (AUFS HERZLICHSTE)
10. Da ihnen keine andere Wahl blieb, ließen sie es ____________________ ankommen. (AUFS ÄUSSERSTE)
11. Während ihres Aufenthalts im Feriencamp wurden sie ____________________ versorgt. (AUFS BESTE)
12. ____________________ gefasst, betrat er den Raum, in dem er seine erste Prüfung ablegen sollte. (AUFS SCHLIMMSTE)

Farbadjektive

Kleinschreibung
Die **Kleinschreibung von Farbadjektiven** ist **die Regel**. Sie können als **Beifügungen zu einem Nomen** oder als **Artergänzungen** verwendet werden.
Beispiele: Die Hose ist **beige**.
Wie ist die Hose? ⟶ „beige“ als **Artergänzung** verwendet
Ein **grünes** Fahrrad lehnt an dem Baum.
Was für ein Fahrrad lehnt an dem Baum? ⟶ „grünes“ als **Beifügung** verwendet

Großschreibung
Werden **Farbadjektive als Nomen** verwendet, schreibt man sie **groß**.
Oft steht ein **Artikel** davor. Man fragt mit **„Was?“**.
Beispiele: **das Beige** der Hose, eine Hose in **Beige**, die Farbe **Beige**

Ü 17

Forme so um, dass die Farbadjektive einmal nominal und einmal als Beifügung gebraucht werden!

Die Tasche ist ziegelrot.	das Ziegelrot der Tasche	die ziegelrote Tasche
Das Kleid ist blassviolett.		
Die Kappe ist himmelblau.		
Der Umhang ist pechschwarz.		
Die Hose ist dunkelgrau.		
Der Schal ist zitronengelb.		
Der Schirm ist moosgrün.		
Die Haare sind dunkelblond.		
Das Etui ist hellbraun.		

Ü 18

Überlege, ob groß- oder kleingeschrieben werden muss! Setze die in Klammer angeführten Farbadjektive in der richtigen Schreibung ein! Frage danach!

Beispiele:
Bernd färbt das Osterei **grün**. **Wie?** ⟶ **Kleinschreibung** (Artergänzung)
Bernd trägt ein **rotes** T-Shirt. **Was für ein** T-Shirt? ⟶ **Kleinschreibung** (Beifügung)
Die Ampel zeigt **Grün**. **Was?** ⟶ **Großschreibung** (Nomen)

1. Meine beste Freundin trägt so gut wie nie ___ . (rosa)
2. In den Weihnachtsferien habe ich vor, mein Zimmer ___ (hellgrün) auszumalen.
3. Bernadette ist besonders stolz auf das strahlende ___ ihrer makellosen Zähne. (weiß)
4. Da mein Vater farbenblind ist, kann er ___ und ___ leider nicht unterscheiden. (rot, grün)
5. Die Zwillinge ziehen sich heimlich ins Badezimmer zurück und färben ihre Haare ___ bzw. ___ . (orange, lila)
6. Die Autofahrerin wurde vom Polizisten angehalten, weil sie bei ___ über die Kreuzung gefahren war. (gelb)
7. Der Wiener Opernball steht heuer ganz im Zeichen der Farben ___ und ___ . (violett, grün)

8. Benedikt kann seinen ______ gestreiften Schal und seine ______ Pfeife nirgends finden. (scharlachrot, giftgrün)
9. Er hatte wahrlich Glück und kam noch einmal mit einem ______ Auge davon. (blau)
10. Die Wolkendecke lichtete sich, und für einen kurzen Moment tauchte am Himmel ein kleines Fleckchen ______ auf. (blau)
11. Die Dekoration für die Halloween-Party ist, wie es sich gehört, ganz in ______ und ______ gehalten. (orange, schwarz)
12. Über seine dummen Ansichten könnte ich mich wahrlich ______ und ______ ärgern. (grün, blau)
13. „Ihnen steht ______ wirklich ganz hervorragend“, meinte die Verkäuferin. (blau)
14. Plötzlich wurde ihr ______ vor Augen und sie sank ohnmächtig zu Boden. (schwarz)
15. Farben werden gerne zur Bezeichnung psychischer Befindlichkeiten herangezogen. So steht z. B. ______ für Hoffnung, ______ für Neid, ______ für Trauer. (grün, gelb, schwarz)
16. Mischt man ______ und ______, so erhält man ______. (schwarz, weiß, grau)

Groß- und Kleinschreibung von Adjektiven in festen Verbindungen

Großschreibung
Groß schreibt man **Adjektive in festen Verbindungen mit Artikel** und einer **Kombination aus Präposition und Artikel.**
Beispiele:
etwas **des G**enaueren erläutern (= Artikel),
im Weiteren darauf eingehen (= Kombination aus Artikel und Präposition, im = in dem)

Ü 19

Löse die folgenden Wortschlangen auf!
Hebe die festen Verbindungen mit Adjektiv und Artikel bzw. einer Kombination aus Präposition und Artikel hervor, indem du sie unterstreichst!

imfolgendenbehandeln	**im F**olgenden behandeln
imspeziellendaraufeingehen	______
imwesentlichendamitrechthaben	______
imfreienübernachten	______
imgrünenseinzeltaufschlagen	______
einefahrtinsblaueunternehmen	______
imgroßenundganzenbescheidwissen	______
nichtimgeringstenschuldsein	______
sichdesöfterenversprechen	______
bisinskleinstevorbereitetsein	______
nichtimentferntestendarandenken	______
nichtimmindestendavonüberzeugtsein	______
desweiterenerwähnen	______

Groß schreibt man auch die folgenden **Paarformen**, die alle die Bedeutung von „alle", „jedermann" haben:
Jung und **A**lt, **G**roß und **K**lein, **A**rm und **R**eich, **D**ick und **D**ünn
Zur Eröffnung der Herbstmesse erschien **Jung und Alt** (jedermann).

Ü 20

Ergänze in jedem Satz die fehlende Wendung!
Als Hilfe ist das darin vorkommende Verb fett gedruckt.
Außerdem ist die Bedeutung der Wendung in Klammer nach dem Satz umschrieben.

Beispiel: **zum Besten stehen**
Unser Onkel liegt im Spital. Leider **steht** es mit seiner Gesundheit nicht **zum Besten**.
(seine gesundheitliche Situation ist nicht gut)

(sich) des Näheren erkundigen – im Dunkeln tappen – (alles) beim Alten lassen – auf dem Laufenden halten – im Argen liegen – des Langen und Breiten erklären – im Klaren sein – zum Besten geben – den Kürzeren ziehen – auf dem Trockenen sitzen – ins Schwarze treffen – aufs Neue beginnen

1. Wenn ihr alles ______ **lasst**, wird sich an der belastenden Situation nichts ändern. (nichts verändern)
2. Seit dem Rücktritt des Obmanns **liegt** im Verein einiges ______. (sich in Unordnung befinden)
3. Seiner Großmutter zuliebe **gab** er an deren 70. Geburtstag einige selbst verfasste Gedichte ______. (zur Unterhaltung vortragen)
4. Was die wahren Drahtzieher des Attentats betrifft, so **tappt** die Polizei weiterhin ______. (ohne Anhaltspunkte sein)
5. Nur wenige Schüler in Maximilians Klasse **sind** sich darüber ______, welchen Beruf sie einmal ergreifen möchten. (nicht wissen)
6. Lasst uns das Brettspiel ______ **beginnen**! (noch einmal anfangen)
7. Tim, bring bitte zwei Flaschen Mineralwasser aus der Küche mit! Wir **sitzen** hier schon seit Längerem auf ______. (nichts zu trinken haben)
8. **Haltet** mich bitte auf ______, was den Stand der Ermittlungen betrifft! (über alles Neue informieren)
9. Im ersten Moment sah es so aus, als würde sie gewinnen, doch dann **zog** sie doch ______. (unterliegen)
10. Die Frau war verblüfft. Mit seiner Vermutung hatte er ______ **getroffen**. (mitten ins Ziel, das Richtige erkennen)
11. Beim Elternsprechtag **erkundigte** sich Manuels Mutter beim Klassenvorstand ______ über das Verhalten ihres Sohnes in der Schule. (näher, genauer nachfragen)
12. Da wir alle die Spielregeln bestens kennen, ist es nicht notwendig, dass du sie uns noch einmal ______ **erklärst**. (ausführlich darlegen)

Groß- und Kleinschreibung
Sowohl **groß- als auch kleinschreiben** kann man **deklinierte (gebeugte) Adjektive in festen Verbindungen mit Präpositionen ohne Artikel**.

Beispiel: **seit k**urzem/**seit K**urzem

Ü 21

Setze die angeführten Wendungen richtig in die Sätze ein!
Führe beide Schreibweisen an!

A:

binnen kurzem/Kurzem – vor kurzem/Kurzem – seit kurzem/Kurzem –
von neuem/Neuem – seit neuestem/Neuestem

1. Das Lebensmittelgeschäft wurde erst ______ eröffnet.
2. In unserer Schule ist es ______ erlaubt, vor Unterrichtsbeginn den kleinen EDV-Saal zu benützen.
3. Meine ältere Schwester besitzt ______ den Führerschein.
4. Da sie vergessen hatte, den Text am Computer zu speichern, musste sie mit der Arbeit ______ beginnen.
5. Es regnete so heftig, dass der Fluss ______ über die Ufer trat.

B:

seit langem/Langem – seit längerem/Längerem – von weitem/Weitem –
bei weitem/Weitem – bis auf weiteres/Weiteres – ohne weiteres/Weiteres

1. Wegen Krankheit des Musikschullehrers entfällt der Unterricht ______.
2. Schon ______ war das Rattern der Motorräder zu vernehmen.
3. Endlich war der Brief da, auf den wir schon ______ gewartet hatten.
4. Jeder Kandidat kann ______ Einsicht in die Prüfungsarbeiten nehmen.
5. Von allen Bewerberinnen um die Stelle war sie ______ die qualifizierteste.
6. Schon ______ verspürte Bernhard größere Schmerzen in seinem rechten Knie.

Kleinschreibung:
Klein schreibt man **nicht deklinierte (gebeugte) Adjektive in festen Verbindungen mit Präpositionen ohne Artikel.**

Beispiel: **über k**urz oder **l**ang
(Artikel fehlt, Adjektive nicht gebeugt)

Ü 22

Setze die angeführten Wendungen richtig in die Sätze ein!
In Klammer ist jeweils deren Bedeutung umschrieben.

von nah und fern – durch dick und dünn – von klein auf –
gegen bar – über kurz oder lang

1. Die Firma wies die Kundin noch einmal darauf hin, nur _____ zu liefern. (nicht bargeldlos)
2. _____ strömten die Fans zum Konzert der berühmten Popgruppe. (von überall her)
3. Wir beide kennen uns schon _____ und sind noch immer die besten Freunde. (von Kindheit an)
4. Die Experten rechnen damit, dass die begabte Sängerin _____ ein Engagement an der Wiener Staatsoper erhalten wird. (nach einer gewissen Zeit)
5. Die Zwillingsschwestern waren unzertrennlich und gingen gemeinsam _____. (in allen Lebenslagen zusammenhalten)

Pronomen (Fürwörter)

Anredefürwörter:
Die höfliche Anrede **Sie** und das dazugehörige Possessivpronomen **Ihr** schreibt man immer **groß**. **Klein** schreibt man die vertraulichen Anredepronomen **du** und **ihr** mit ihren entsprechenden Beugungsformen (dir, dich, euch ...) und die entsprechenden Possessivpronomen **dein** und **euer**. **In Briefen** kann die vertrauliche Anrede **auch großgeschrieben** werden. Die Schreibung sollte aber einheitlich sein.

Beispiele:
Lieber Herr Gruber, darf ich **Sie** bitten, Platz zu nehmen.
Es freut mich, dass **du** es geschafft hast.
Lieber Bernd, ich wünsche **dir/Dir** alles Gute zu deinem Geburtstag. (= Briefbeginn)

Alle anderen Pronomen werden in der Regel **kleingeschrieben**.
Man schreibt sie allerdings **groß**, wenn sie **wie ein Nomen gebraucht** werden. Meist geht ihnen ein **Begleiter** (Artikel, Fürwort, gebeugtes Eigenschaftswort, unbestimmtes Zahlwort, Vorwort) voraus bzw. sind sie mit **„Was?"** erfragbar.

Beispiele:
Schon seit Längerem war er mit seinem Chef per **Du** (= duzen).
Die beiden sagten noch nicht lange **Du** (auch **du**) zueinander.
Wenn ich mich recht erinnere, sind wir beide per **Sie** (= siezen).

Nominal gebrauchte besitzanzeigende Fürwörter (Possessivpronomen) können groß- oder kleingeschrieben werden.

Beispiele:
Die **Unsrigen/unsrigen** sind für den Kauf des neuen Computers.
Zum Gelingen der Aktion trug ich das **Mein(ig)e/mein(ig)e** bei.

Ü 23

Ergänze in den folgenden Satzpaaren die fehlenden Pronomen! Sie sind in Klammer angeführt. Achte auf die richtige Groß- und Kleinschreibung!

1. Liebe Zuseher zu Hause, ich ersuche __________ nun zu __________ Handys bzw. Telefonhörern zu greifen und für __________ Favoriten anzurufen.
   Wieder einmal waren __________, nämlich Kilian und Florian, zu spät gekommen. Außerdem hatten __________ __________ Rucksäcke vergessen.
   (SIE, IHREN, IHRE, SIE, SIE, IHRE)
2. Liebe Barbara, __________ und __________ Freundin, ihr seid herzlich bei uns willkommen.
   Schon nach wenigen Tagen bot er __________ neuen Kollegen das __________ an.
   (DU, DEINE, SEINEM, DU)
3. Sie hatte das gewisse __________ und deshalb erhielt sie die Stelle.
   Möchte von __________ noch jemand __________ dazu sagen?
   (ETWAS, EUCH, ETWAS)
4. Beim verheerenden Hochwasser hatten viele Menschen alles verloren, nun standen __________ vor dem __________.
   Für den morgigen Test hatte __________ überhaupt noch __________ gelernt.
   (SIE, NICHTS, SIE, NICHTS)
5. Was den neuen Austauschschüler betraf, war immer von einem __________ die Rede gewesen, nun stand aber plötzlich eine __________ vor der Tür.
   Sowohl __________ als auch __________ hatten die richtigen Zahlen getippt.
   (ER, SIE, ER, SIE)
6. Anscheinend hatte Anjas Freund nie gelernt, zwischen __________ und __________ zu unterscheiden.
   Das hier ist __________ Rucksack, das da drüben ist __________.
   (MEIN, DEIN, MEIN, DEINER)
7. Ab und zu sollte man auch an das eigene __________ denken.
   Nicht nur __________ stimme für den Antrag, sondern auch David. (ICH, ICH)
8. „Du bist ein __________, keiner hört auf dich“, warf sie ihm verbittert vor.
   Bis jetzt hatte noch __________ angerufen und die richtige Lösung gesagt.
   (NIEMAND, NIEMAND)
9. „Die __________ wollten nicht mitkommen. Wo sind eigentlich die __________?“, fragte er.
   Alle folgen lieber __________ als __________ Anweisungen.
   (MEINEN, DEINEN, DEINEN, MEINEN)

Numeralien (Zahlwörter)

Grundzahlwörter

Grundzahlwörter (eins, zwei, drei, hundert …) unter einer Million werden in der Regel kleingeschrieben.

Beispiele:
Nur **drei** (3) waren zum Vortrag erschienen. Jeweils **sieben** (7) bildeten eine Gruppe.
die **fünf** (5) Gewinner, **zehn** (10) Lose

Ausnahmen:

1. **Grundzahlwörter** werden hingegen **großgeschrieben**, wenn sie **als Nomen verwendet** werden. Meist steht ein **Artikel** davor.
   Beispiele: ein/der Vierer (4er), ein/der Sechser (6er), ein/der Hunderter (100er)
2. Geben **Grundzahlwörter** (z. B. hundert und tausend) eine **unbestimmte Menge** an, die sich nicht in Ziffern aufschreiben lässt, so können sie sowohl als Adjektiv als auch als Nomen aufgefasst werden. Damit können sie **groß- oder kleingeschrieben** werden. Beides ist richtig!
   Beispiele:
   mehrere **hundert/Hundert** Menschen (Zahl in Form einer Ziffer nicht schreibbar)
   viele **tausende/Tausende** Zuschauer
   einige **dutzend/Dutzend** Blumen

Ü 24

Schreibe die in der Klammer angeführte Ziffer als Zahlwort in die Lücke!
Achte auf die Groß- und Kleinschreibung!

1. In unserer Gruppe waren wir nur __________ (4), alle anderen waren zumindest __________ (5).
2. Während Sarah zwei __________ (3er) in ihrem Zeugnis hat, darf sich Tanja über lauter __________ (1er) freuen.
3. Vor dem Fußballstadion warteten bereits mehrere __________ (100) Fans ungeduldig auf den Einlass.
4. Könnten Sie mir den __________ (20er) bitte auf einen __________ (10er) und zwei __________ (5er) wechseln?
5. In Athen sorgten einige __________ (1000) freiwillige Helfer für einen reibungslosen Ablauf der Olympischen Sommerspiele 2004.
6. Von den __________ (50) Bewerbern schafften nur die besten __________ (10) den Sprung in die Endrunde.
7. Nach der Hälfte des Spiels hält die eine Mannschaft bei __________ (15) Punkten, die andere bei __________ (30).
8. Harald tut gerne so, als ob er nicht bis __________ (3) zählen könnte.
9. Die ersten __________ (8) Läuferinnen können sich fürs Rennen schon bereitmachen.
10. In dieser Sporttoto-Runde ist der __________ (12er) ca. 70.000 Euro wert.
11. Warum keiner die __________ (2) ernst nimmt, ist mir ein Rätsel.
12. Im Feriencamp haben wir uns zu __________ (3.) ein Zelt geteilt.
13. Da sie nur einen __________ (2er) gewürfelt hat, reicht ihm ein __________ (4er) zum Sieg.

Ordnungszahlwörter

Ordnungszahlwörter werden **großgeschrieben**, wenn sie **als Nomen** verwendet werden.
Meist steht ein **Artikel** davor.
Beispiele: der Erste (1.), die Siebente (7.)

Ordnungszahlwörter werden **kleingeschrieben**, wenn sie eine **Beifügung zu einem Nomen** sind.
Beispiele: der fünfte (5.) Turner (ABER: der Fünfte),
der letzte Kandidat (ABER: der Letzte)

Ü 25

Schreibe die in der Klammer angeführte Ziffer als Zahlwort in die Lücke!
Achte auf die Groß- und Kleinschreibung!

1. Beim 100-m-Finale lief die Russin als _____ (1.) und knapp dahinter die Jamaikanerin als _____ (2.) ins Ziel ein.
2. Das ist bereits seine _____ (3.) Goldmedaille. Folgen vielleicht auch noch eine _____ (4.) und eine _____ (5.)?
3. Nur jeder _____ (6.) war am gestrigen Sonntag zur Wahl gegangen.
4. Ich sage dir das jetzt zum _____ (2.) und letzten Mal: Halte dich an die Regeln!
5. Sind Sie damit einverstanden, dass wir unser nächstes Treffen für den _____ (8.) dieses Monats vereinbaren?
6. Mutter teilt den Rest der Torte in drei gleiche Stücke: Das _____ (1.) erhält Simon, das _____ (2.) Papa, das _____ (3.) ist für sie.
7. In diesem Moment übergibt der _____ (3.) Staffelläufer der führenden Mannschaft dem _____ (4.) das Staffelholz.
8. Die Zahlen sind wahrlich erschreckend: In Österreich raucht jeder _____ (4.) Erwachsene und jeder _____ (5.) Jugendliche.
9. Er schlug das Buch zu, denn fürs _____ (1.) hatte er genug gelernt.
10. Hat sie viel Redezeit zur Verfügung, so ist die Gefahr groß, dass sie vom _____ (100.) ins _____ (1000.) kommt.

Bruchzahlwörter

1. Werden **Bruchzahlwörter** mit den Endungen **-tel** und **-stel als Nomen** gebraucht, so schreibt man sie **groß**. Meist steht **ein Artikel** davor.
   Beispiele: ein **S**iebentel (1/7), zwei **F**ünftel (2/5) der Spenden, drei **V**iertel (3/4) der Wurst
2. Werden **Bruchzahlwörter** mit den Endungen **-tel und -stel als Beifügungen zu Maßangaben** verwendet, so schreibt man sie **klein (a)** oder **als Zusammensetzung (b)** mit dem Nomen **groß**.
   Beispiele: 3/8 Liter Joghurt = **a)** drei **a**chtel Liter Joghurt
   b) drei **A**chtelliter Joghurt
   7/100 Sekunden = **a)** sieben **h**undertstel Sekunden
   b) sieben **H**undertstelsekunden

Ü 26

Schreibe die Bruchzahlwörter samt dazugehörigem Nomen in deinem Übungsheft auf! Sind zwei Schreibweisen möglich, führe beide an!

A

1/4 Brot	3/8 Rotwein	1/7 der Bevölkerung
1/20 des Gewinns	3/4 der Besucher	1/9 der Einnahmen
1/3 der Frauen	1/8 Butter	3/5 der Studenten
1/10 der Tiere	1/6 der Strecke	2/3 des Raumes

B

1/8 Liter Milch	3/10 Sekunden	1/4 Kilogramm Butter
5/1000 Sekunden	3/4 Liter Fruchtsaft	1/4 Stunde
in 3/4 Stunden	3/10 Millimeter	

⇒ Siehe auch „Kompetent AUFSTEIGEN Deutsch 4 – Grammatik"!

Adverbien (Umstandswörter), Präpositionen (Vorwörter), Konjunktionen (Bindewörter), Interjektionen (Ausrufwörter)

Adverbien (Umstandswörter), **Präpositionen** (Vorwörter), **Konjunktionen** (Bindewörter) und **Interjektionen** (Ausrufwörter) werden in der Regel **kleingeschrieben**.
Werden sie **als Nomen gebraucht**, schreibt man sie allerdings **groß**. Ihnen geht dann meist **ein Begleiter** (Artikel, Fürwort, unbestimmtes Zahlwort, gebeugtes Eigenschaftswort, Vorwort) voraus bzw. sind sie mit **„Was?"** zu erfragen.
Beispiele:

Adverbien:	**das A**uf und **A**b, **das** ewige **H**inauf und **H**inunter
Präpositionen:	**das F**ür und **W**ider
Konjunktionen:	**ihr A**ber, **das O**b und das **W**ie
Interjektionen:	**ein** lautes **A**uweh

Ü 27

Löse die angeführten Wortschlangen auf! In jeder versteckt sich eine nominal gebrauchte Interjektion (Ausrufwort).

einfreudigesoh	ein freudiges Oh
einlautesah	
einleisesmiau	
einklaresnein	
eindeutlichesja	
eingroßeshallo	
einverächtlichespfui	
einüberraschtesah	
mitachundkrach	
mitachundweh	

Bei folgenden Wendungen gilt sowohl Groß- als auch Kleinschreibung:
Ja/ja sagen, Nein/nein sagen, Hallo/hallo sagen, Servus/servus sagen ...

Ü 28

Ergänze in den folgenden Sätzen die fehlenden nominal gebrauchten Adverbien (Umstandswörter), Präpositionen (Vorwörter) und Konjunktionen (Bindewörter)! Sie sind in Klammer, allerdings nicht in der richtigen Reihenfolge angeführt.

1. Schon im **Voraus** war klar, dass sie ohne ______ und ______ dem Vorschlag zustimmen würde. (ABER, WENN, VORAUS)
2. Nein, jetzt im ______ ist es eindeutig zu spät, noch einmal über das ______ und ______ nachzudenken. (KONTRA, PRO, NACHHINEIN)
3. Es herrschte ein großes ______, weil sich keiner rechtzeitig über das ______ und das ______ den Kopf zerbrochen hatte. (WIE, OB, DURCHEINANDER)
4. Das entscheidende Tor war nicht anerkannt worden, weil sich ein Fußballer im ______ befunden hatte. Auf Grund der Niederlage kam deshalb für die Mannschaft das vorzeitige ______ beim Turnier. (AUS, ABSEITS)
5. Es interessierte sie nur das ______ und ______, kein ______ und auch kein ______. (JETZT, HIER, MORGEN, GESTERN)
6. Das ______ und ______ war, dass alle sofort mithelfen mussten. Über das ______ konnte man auch später noch diskutieren. (DANACH, AUF, UM)
7. Das ständige ______ und ______ machte sie ganz nervös. Da keine Entscheidung fiel, reiste sie mit allem ______ und ______ frühzeitig ab. (HER, HIN, DRAN, DRUM)

Ü 29

Groß- oder Kleinschreibung?
Setze die in Klammer angeführten Wörter in der richtigen Schreibung ein!

1. Die Mehrheit der Stimmberechtigten stimmte mit einem klaren ______ (NEIN), auch ______ (WENN) kaum einer dies erwartet hatte.
2. Er stand etwas ______ (ABSEITS), als das Ergebnis der Prüfung bekannt gegeben wurde. Nur mit ______ (ACH UND WEH) hatte er sie bestanden.
3. Da half auch kein ______ (ABER) mehr. Die Kommission hatte ______ (HIER) und ______ (JETZT) so entschieden und das musste er wohl oder übel akzeptieren.
4. Beate hatte sowohl ______ (GESTERN) als auch ______ (HEUTE) sehr viel gelernt, ______ (ABER) dennoch war sie mit dem gesamten Stoff noch nicht durch.
5. Kilian, das ist ______ (JA) wunderbar, dass das ständige ______ (HIN UND HER) nun für dich ein Ende hat.

Bezeichnungen für Sprachen, geografische Namen und Eigennamen bzw. Titel

Bezeichnungen für Sprachen

Lassen sich **Bezeichnungen für Sprachen** mit **„Was?“** erfragen, schreibt man sie **groß**.
Sie gelten dann als Nomen.
Beispiele:
Meine Mutter lernt seit einem Jahr **Japanisch**. Was? (= die japanische Sprache)
Gabriels Muttersprache ist **Polnisch**. Was? (= die polnische Sprache)

Lassen sich **Bezeichnungen für Sprachen** mit **„Wie?“** bzw. **„Was für ein?“** erfragen, schreibt man sie **klein**.
Beispiele:
Bitte antworte nicht **deutsch**, sondern **englisch**! **Wie?** (= in deutscher/englischer Sprache)
Für sein Referat muss er noch zwei Bücher in **englischer** Sprache lesen. **Was für Bücher?**

Kann man nach Sprachbezeichnungen sowohl mit **„Was?“** als auch mit **„Wie?“** fragen, dann kann **sowohl klein- als auch großgeschrieben** werden.
Beispiel:
Thomas spricht **D**eutsch. Was? ⟶ Großschreibung (= die deutsche Sprache)
Thomas spricht **d**eutsch. Wie? ⟶ Kleinschreibung (= in deutscher Sprache)

Ü 30

Ergänze die in Klammer angegebenen Bezeichnungen für Sprachen in der richtigen Schreibung! Frage danach: „Wie oder was für ein?“ bzw. „Was?“

1. In ______ steht Benedikt zurzeit auf einem Gut. (FRANZÖSISCH)
2. Bei der letzten Schularbeit mussten sie einen kurzen Text vom ______ ins ______ übersetzen. (DEUTSCHEN, ENGLISCHE)
3. Meine Kusine, die Dolmetscherin ist, spricht fließend ______, ______ und ______. (PORTUGIESISCH, SPANISCH, ITALIENISCH)
4. Da ich kein Wort ______ kann, habe ich von dem Interview nichts verstanden. (DÄNISCH)
5. Mit der Austauschschülerin aus Ungarn konnten wir uns recht gut auf ______ unterhalten. (DEUTSCH)
6. Dominik wurde von seinen Eltern zweisprachig erzogen und spricht deshalb schon von klein auf neben ______ auch ______. (DEUTSCH, TSCHECHISCH)
7. Die ______ Grammatik erscheint mir leichter als die ______. (ENGLISCHE, DEUTSCHE)
8. Nach einem Jahr Aufenthalt in London sprach er hervorragend ______. (ENGLISCH)
9. Viele Schülerinnen empfinden ______ schwieriger als ______. (FRANZÖSISCH, ENGLISCH)
10. Wirst du dich auch für ______ als zweite lebende Fremdsprache in der Oberstufe entscheiden? (SPANISCH)

11. Soll ich mit Ihnen ________ oder ________ sprechen? (ENGLISCH, DEUTSCH)
12. Mit dem Austauschschüler, der bei ihnen wohnt, unterhält sich Simone in der Regel ________, ihre Mutter spricht immer auf ________ mit ihm. (ENGLISCH, DEUTSCH)
13. Da wir eine Schulversuchsklasse sind, können unsere Lehrer die Fächer Geografie und Geschichte wahlweise ________ oder ________ unterrichten. (DEUTSCH, ENGLISCH)
14. Der ________ Film war nicht synchronisiert, wurde aber mit ________ Untertiteln gezeigt. (SPANISCHE, DEUTSCHEN)
15. Zahlreiche Fremdwörter, die wir verwenden, stammen aus dem ________ und ________. (LATEINISCHEN, GRIECHISCHEN)
16. Unser Professor hat mehrere Jahre an einer Universität in den USA ________ gelehrt. (DEUTSCH)

Geografische Namen

Von **geografischen Namen** abgeleitete Wörter auf **-er** werden **großgeschrieben**.
Beispiele: das **Wien**er Riesenrad, die **M**örbisch**er** Seefestspiele, der **S**alzburg**er** Dom

Von **geografischen Namen** abgeleitete Wörter auf **-isch** werden **kleingeschrieben**.
Beispiele: **b**urgenländ**ische** Erdbeeren, **ö**sterreich**ische** Mehlspeisen

Ü 31 **Forme die angeführten Angaben um, indem du Ableitungen geografischer Namen auf -er bzw. -isch bildest! Halte dich an die Beispiele! Schreibe in dein Übungsheft!**

Beispiele:
die Festspiele in Bregenz – die **B**regenz**er** Festspiele,
Weißwein aus der Steiermark – **steir**i**scher** Weißwein,
der Uhrturm in Graz – der **G**raz**er** Uhrturm,
die Sportler aus Portugal – die **p**ortugies**ischen** Sportler

das Burgtheater in Wien – Marillen aus der Wachau – der Botschafter aus Tschechien – die Altstadt in Linz – Kaffee aus der Türkei – Weintrauben aus Griechenland – die Berge in Tirol – die Bürgermeisterin von Innsbruck – der Reisebus aus Slowenien – Schokolade aus der Schweiz – Zucchini aus Italien – das Landestheater in Klagenfurt – Nektarinen aus Spanien – Lebkuchen aus Mariazell – Tulpen aus Holland – die Künstler in St. Pölten – die Schlösser in Niederösterreich

Eigennamen, Titel und besondere Kalendertage

Eigennamen, die Personen oder etwas Einzigartiges bezeichnen, werden ebenso **großgeschrieben** wie **Titel, besondere Kalendertage** und **geschichtliche Ereignisse**.

Beispiele:
die Vereinigten Staaten von Amerika, das Rote Meer, der Erste Mai (= Tag der Arbeit), der Zweite Weltkrieg, der Österreichische Gewerkschaftsbund, Kaiserliche Hoheit, der Heilige Abend

Ü 32 **Hier sind die Adjektive durcheinandergeraten. Stelle sie richtig und schreibe sie auf! Achte auf die Großschreibung!**

der Nahe Frauentag	der **Internationale** Frauentag
das Internationale Reich	
das Schiefe Meer	
die Tote Revolution	
der Französische Turm von Pisa	
das Atlantische Kreuz	
die Römische Mauer	
die Hohen Spiele	
die Chinesische Union	
die Olympischen Tauern	
der Europäische Ozean	
der Rote Osten	

Es ist nicht immer ganz leicht festzustellen, ob es sich um einen Eigennamen handelt oder nicht. Am hilfreichsten ist es, bei Unsicherheiten im Österreichischen Wörterbuch nachzuschlagen.

Ein paar Beispiele in Form einer Gegenüberstellung.

Klein- bzw. Groß- und Kleinschreibung	**Großschreibung**
die erste/Erste Hilfe	der Erste Weltkrieg
das schwarze Schaf der Familie, s/Schwarzer Peter spielen (= Kartenspiel), der s/Schwarze Tod (= die Pest)	die Schwarze Spinne (= eine giftige Spinne) das Schwarze Meer
die römischen Ziffern	das Römische Reich
das neue Jahr	die Neue Welt (= Amerika)
eine weiße Weste haben	das Weiße Haus (= Amtssitz des Präsidenten der USA)
ein österreichischer Staatsbürger	die Österreichische Bundesbahn

Ü 33

Entscheide, ob es sich um einen Eigennamen handelt oder nicht! Ergänze jeweils das fehlende Adjektiv in der richtigen Groß- bzw. Kleinschreibung! Nimm das Österreichische Wörterbuch zu Hilfe!

ÖSTERREICHISCH:
die ______ Schauspieler, die ______ Fahne,
der ______ Rundfunk, die ______ Nationalbibliothek

HEILIG:
die ______ Drei Könige, die ______ Messe,
die ______ Schrift (= Testament), der ______ Vater (= Papst),
der ______ Petrus, das ______ Land (= Palästina)

ALT:
das ______ Jahr, die ______ Donau, das ______ Testament,
die ______ Griechen (im Altertum), die ______ Geschichte
(= Geschichte des Altertums), die ______ Welt (= Europa, Asien, Afrika)

SCHWARZ:
ein ______ Tag (= schlechter, unglückseliger Tag),
die ______ Kunst (= Druckkunst oder böse Zauberei),
das ______ Meer, ______ Humor

GROSS:
die ______ Ferien, der ______ Ozean (= der Pazifik),
der ______ Wagen (= Sternbild), die ______ Vase

KLEIN:
der ______ Mann, der ______ Bär (= Sternbild), der ______ Bruder

Wochentage, Tageszeiten und Uhrzeiten

Wochentage und Tageszeiten

Präge dir zur Wiederholung die folgende Übersicht, die die grundlegenden Regeln enthält, ein!

1. Bezeichnungen für **Wochentage und Tageszeiten** werden **großgeschrieben**, wenn es sich um **Nomen** handelt. Oft steht **ein Artikel davor** oder es lässt sich einer hinzufügen.
   Beispiele: Montag, Dienstag, Mittwoch …; am/der Morgen, in der Früh, am Vormittag, zu Mittag, am Nachmittag, gegen Abend, in der Nacht …

2. **Verbindungen von Wochentag und Tageszeit** werden **groß- und zusammengeschrieben.**
   Beispiele: der Dienstagabend, am Sonntagnachmittag, der Mittwochmorgen, der Donnerstagabend, die Freitagnacht …

3. **Umstandswörter der Zeit** (Temporaladverbien) werden immer **kleingeschrieben.**
   Man erkennt sie unter anderem am **„s"** am Wortende.
   Tageszeiten: heute, morgen, übermorgen, gestern, vorgestern, früh; ABER: heute **F**rüh!
   morgen**s**, vormittag**s**, mittag**s**, nachmittag**s**, abend**s**, nacht**s**
   ACHTUNG! Steht ein **Artikel** vor dem Wort, dann schreibt man es groß!
   eines Morgens, **eines** Abends

Wochentage: montags, dienstags, mittwochs, donnerstags ...
ACHTUNG! Steht ein Artikel vor dem Wort, dann schreibt man es groß!
eines Montags, eines Sonntags

Verbindungen von Wochentagen und Tageszeiten:
Hier sind zwei Schreibungen möglich:
Beispiele: samstagabend**s** oder samstag**s** abend**s**, dienstagmorgen**s** oder dienstag**s** morgen**s**, freitagnachmittag**s** oder freitag**s** nachmittag**s**
ABER: **eines** Freitagnachmittags

4. **Tageszeiten** werden **nach einem Umstandswort der Zeit** (Temporaladverb) immer **großgeschrieben.**
Beispiele: **heute** Morgen, **heute** Früh, **gestern** Vormittag, **vorgestern** Mittag, **morgen** Nachmittag, **übermorgen** Abend ...

Ü 34

Überlege, ob Groß- oder Klein- bzw. Getrennt- oder Zusammenschreibung richtig ist!
Setze die angegebenen Zeitangaben richtig ein!
Wende die oben angeführten Regeln an!

Beispiel:
Das Schwimmtraining findet immer **mittwochs** und **freitags** statt.

1. Die vier Freunde treffen einander immer ________ (DIENSTAGS / ABENDS) und ________ (SAMSTAGS / NACHMITTAGS) zum Tischtennisspielen.
2. Erst am ________ (MONTAG / ABEND) erfuhr mein Vater, dass er ________ (DIENSTAG / VORMITTAG) eine mehrtägige Dienstreise antreten sollte.
3. Wenn Sie damit einverstanden sind, können wir uns gerne am ________ (FREITAG / NACHMITTAG) zu einer ersten Vorbesprechung treffen.
4. Ich habe leider keine Zeit, um mit dir ________ (MORGEN / MITTAG) essen zu gehen.
5. Ernährungsexperten raten, sich ________ (MORGENS) Zeit zum Frühstücken zu nehmen, ________ (MITTAGS) regelmäßig warm zu essen und ________ (ABENDS) nur mehr wenig und vor allem leicht Verdauliches zu sich zu nehmen.
6. Da wir viel zu ________ (FRÜH) von zu Hause weggefahren waren, standen wir vor verschlossener Tür.
7. Eines ________ (FREITAG / MORGENS) funktionierte plötzlich unsere Heizung nicht mehr. Das war der Beginn weiterer mysteriöser Vorfälle.
8. In der ________ (FRÜH) lasse ich mich immer von meiner älteren Schwester wecken.
9. Im Fernsehen wird ________ (HEUTE / ABEND) die feierliche Eröffnung der Olympischen Sommerspiele übertragen. Die möchte ich nicht versäumen.
10. Die Ausstellung ist in den Sommermonaten jeweils ________ (FREITAGS), ________ (SAMSTAGS) und ________ (SONNTAGS) von 9 bis 18 Uhr geöffnet.

11. Vergiss bitte nicht, dass du __________ (DONNERSTAG / NACHMITTAG) einen Termin beim Zahnarzt hast!
12. Schon __________ (FRÜH) am __________ (MORGEN) brachen sie zu ihrer Wanderung auf.
13. Zweimal pro Monat finden __________ (SONNTAGS / VORMITTAGS) im örtlichen Jugendzentrum Veranstaltungen statt.

Uhrzeiten

Wie man Uhrzeiten richtig schreibt, kannst du dir anhand der folgenden Übersicht einprägen.

ganze Stunde:
zwischen vier (Uhr) und fünf (Uhr) trainieren, nach neun (Uhr) kommen

halb:
(um) halb sieben, (um) halb zwölf, in einer halben Stunde, halbstündlich (= jede halbe Stunde)

viertel/Viertel:
(um) viertel eins, drei viertel zehn, eine viertel Stunde (auch: eine Viertelstunde),
in einer viertel Stunde (auch: Viertelstunde), (ein) Viertel vor elf,
(ein) Viertel nach acht, viertelstündlich (= jede Viertelstunde)

(um) drei viertel fünf, in einer Dreiviertelstunde, in drei viertel Stunden (auch: in drei Viertelstunden)

Ü 35

Schreibe die angeführten Zeitangaben aus!

in einer $^{1}/4$ Stunde	in einer viertel Stunde/Viertelstunde
von $^{1}/2$ 7 bis $^{1}/4$ 9	
gegen $^{1}/2$ 11	
zwischen 2 und 3	
nach einer $^{3}/4$ Stunde	
um $^{1}/4$ nach 12	
10 Minuten vor $^{3}/4$ 2	
um $^{1}/4$ 6	
nicht später als $^{1}/4$ nach 10	
in ca. $^{5}/4$ Stunden	
von $^{3}/4$ 10 bis $^{1}/4$ vor 11	
mehr als eine $^{1}/2$ Stunde	
in weniger als $^{3}/4$ Stunden	

Großer Schlusstest

Ü 36

Der angeführte Bericht ist in drei Abschnitte gegliedert.
In jedem wartet eine andere Aufgabe zur Groß- und Kleinschreibung auf dich.
Abschnitt 1:
Lies dir den Beginn des Berichts, in dem alles kleingeschrieben ist, genau durch!
Überlege, welche Wörter großgeschrieben werden müssen!
Überschreibe den kleinen Anfangsbuchstaben mit einem großen!

Von hunden und handys

von einem bei gott nicht alltäglichen erlebnis mit seinem hund kann ein geschäftsmann in unserer bundeshauptstadt seit kurzem berichten. am späten montagvormittag vor einer woche sah sich der besitzer eines blumenladens im achten wiener gemeindebezirk plötzlich gezwungen, mit seinen beiden weiblichen angestellten nach dem in den betriebsfarben rot und grün gehaltenen firmenhandy zu suchen. das verschwinden des mobiltelefons war erst jetzt aufgefallen, weil eine der beiden mitarbeiterinnen einige besorgungen mit dem firmenwagen zu erledigen hatte und dieses bei dieser dienstfahrt gerne mitgenommen hätte. neben der kassa, wo es üblicherweise zu finden war, lag es nicht, jedoch war es auch sonst nirgends zu finden. nach einer dreiviertelstunde fieberhaften, aber ergebnislosen suchens gaben die beiden frauen und der mann allerdings auf. das handy war wie vom erdboden verschluckt. mit der zeit fragten sich die drei, ob es vielleicht gestohlen worden war. dies war jedoch mehr als unwahrscheinlich, weil seit dem öffnen des geschäftes nur zwei kunden, noch dazu gute bekannte des besitzers, bedient worden waren. nach heftigem hin und her, was man nun tun sollte, entschloss man sich dazu, noch einen suchanruf zu starten, denn vielleicht war das handy ja irrtümlicherweise irgendwo „dazwischengerutscht". hörte man es dann läuten, wüsste man ja, wo man es suchen musste.

Abschnitt 2:
Mehrmals werden verschiedene Schreibungen angeboten. Streiche jeweils die falsche durch!

Schnell war die Telefonnummer ins Firmentelefon mit Festnetzanschluss eingegeben, als man sehr leise und dumpf den beginn/Beginn von Beethovens „Ode an die Freude" hörte. Der Klingelton kam eindeutig vom vermissten/Vermissten Handy. Es war aber schwierig, die richtung/Richtung auszumachen, aus der das läuten/Läuten kam. Noch dazu schnellte plötzlich Luke, der deutsche/Deutsche Schäferhund des Geschäftsinhabers, unter dem Verkaufspult, wo er es sich gemütlich gemacht hatte, hervor und begann laut zu bellen/Bellen. Wie von einer Tarantel gestochen lief er herum. Im gebell/Gebell gingen die leider nur sehr schwach vernehmbaren Klingeltöne unter. Es dauerte eine ganze weile/Weile, bis Herr H. den äußerst aufgebrachten/Aufgebrachten wieder beruhigt hatte. Eine der Angestellten hatte inzwischen den Telefonhörer bereits aufgelegt. Man wollte es nun ein zweites mal/Mal versuchen. Davor gab man Luke jedoch einen Nageknochen, um ihn ruhig zu stellen.
Schon vernahm man wieder den Beginn von Beethovens weltberühmtem Musikstück, diesmal/Diesmal aber etwas lauter/Lauter. Herr H., der neben seinem treuen Freund stand und ihn am Halsband hielt, um ihn im Bedarfsfall festhalten und gleich beruhigen zu können, glaubte zuerst nicht richtig zu hören/Hören. Aber die Musik erklang aus nächster nähe/Nähe. Er horchte genauer und musste schließlich feststellen, dass sie aus Luke kam. Der schien aber durch seinen Knochen vollkommen abgelenkt. Ungläubig legte er sein Ohr an dessen Fell.
Es vibrierte leicht und aus seinem Bauch drangen eindeutig die Klingeltöne. Er konnte es nicht glauben, aber es war so: sein/Sein Hund musste das Handy verschluckt haben. Nun läutete es eben in seinem Verdauungstrakt.

Abschnitt 3:
Finde die 13 Verstöße gegen die Regeln der Groß- und Kleinschreibung! Unterstreiche das falsch geschriebene Wort und schreibe es richtig in die dafür vorgesehene Zeile am rechten Rand!

Schnell packte der Besitzer des Geschäftes Luke und fuhr wie der Blitz zu seinem Niederösterreichischen Tierarzt, bei dem sein Vierbeiner „Stammpatient" war. Der Konnte ein schmunzeln nicht verbergen, nachdem er einen Suchanruf gestartet hatte, denn Zeit seiner langjährigen Tätigkeit als Veterinär hatte er nichts derartiges erlebt. Er untersuchte das Tier eingehend und riet schließlich Herrn H., nicht die Nerven zu verlieren, sondern sich in geduld zu üben und darauf zu warten, dass das Handy auf natürliche weise wieder zum vorschein kam. Schon beim Abendspaziergang – bis dahin waren ungefähr Zwanzigmal Klingeltöne aus Lukes Bauch zu vernehmen gewesen – war es so weit. Das vermisste Handy gelangte ans Tageslicht. Luke hatte sich zwar bei seinem „Geschäft" etwas mehr anstrengen müssen, dieses eindrucks konnte sich Herr H. jedenfalls nicht erwehren, doch das war auch schon Alles gewesen. Das Tier überstand das ganze unbeschadet, wie eine Untersuchung des Tierarztes am nächsten Tag ergab. Wider erwarten war das Handy weiterhin funktionstüchtig, abgesehen von einigen Beißspuren, die darauf hindeuteten, dass Luke es mit einem Knochen verwechselt haben musste. Eine generalreinigung war jedoch notwendig.

Ü 37

Überlege, ob groß- oder kleingeschrieben werden muss!
Übertrage die angeführten Sätze, in denen alles kleingeschrieben ist, richtig in dein Übungsheft!

1. silvia und thomas trafen sich jeden freitagabend, um miteinander schach zu spielen.
2. die ampel schaltete auf grün, die reifen des autos quietschten und der fahrer brauste los.
3. „jeder einzelne von euch kann viel dazu beitragen, dass unser flohmarkt ein großer erfolg wird", meinte der leiter der jungschar.
4. sowohl der zweite als auch der dritte des schirennens erhielten zusätzlich zum pokal noch büchergutscheine.
5. „gott sei dank ist nichts schlimmeres passiert!", meinte hannahs mutter, als sie ihre tochter mit einem verstauchten bein vom krankenhaus abholte.
6. das überraschende war, dass alle ohne wenn und aber lenas vorschlag zustimmten.
7. zum kontrollieren der rechnungen nimmt fabians mutter immer einen taschenrechner zur hand.
8. seit einer viertel stunde versuchte die frau, ihren mann im büro zu erreichen, doch es hob niemand ab.
9. nach bekanntwerden der niederschmetternden ergebnisse der untersuchung wurde sofort fieberhaft nach einem schuldigen gesucht.

Kompetenz-Check

Das kann ich jetzt!

Kreuze an, was zutrifft! Falls du dich bei dem einen oder anderen Punkt noch nicht sicher fühlst, blättere nochmals zurück und wiederhole diesen Abschnitt!

	Ich kann ...	Falls ich noch unsicher bin, kann ich hier nachschlagen:
☐	... Nomen erkennen – auch an ihren Nach-silben (-ung, -nis, -heit, -keit ...). Ich schreibe sie groß.	S. 6–7
☐	... Wörter erkennen, die ihre nominalen Merkmale verloren haben (angst, bange, bankrott ...).	S. 7–9
☐	... bei den Wörtern Recht und Unrecht die richtige Schreibung anwenden. Ich weiß, dass man sie in Verbindung mit den Verben behalten, bekommen, geben, haben und tun groß- und kleinschreiben kann.	S. 7–8
☐	... erkennen, wann der Infinitiv wie ein Nomen gebraucht und deshalb großgeschrieben wird.	S. 9–12
☐	... erkennen, wann Adjektive als Nomen gebraucht und deshalb großgeschrieben werden.	S. 13–15
☐	... erkennen, wann Adjektive als Beifügungen gebraucht und deshalb kleingeschrieben werden.	S. 16
☐	... erkennen, wann Mittelwörter als Nomen gebraucht und deshalb großgeschrieben werden.	S. 13–15
☐	... erkennen, wann Mittelwörter als Beifügungen gebraucht und deshalb kleingeschrieben werden.	S. 16
☐	... erkennen, wann der Superlativ mit „aufs“ großgeschrieben wird bzw. wann er groß- und kleingeschrieben werden kann.	S. 17
☐	... erkennen, wann Farbadjektive groß- und wann sie kleingeschrieben werden.	S. 18–19
☐	... bei der Verwendung von Adjektiven in festen Verbindungen die richtige Groß- und Kleinschreibung anwenden.	S. 19–22
☐	... erkennen, wann Pronomen und Zahlwörter groß- und wann sie kleingeschrieben werden.	S. 22–26
☐	... erkennen, wann Adverbien, Präpositionen, Konjunktionen und Interjektionen groß- und wann sie kleingeschrieben werden.	S. 26–27
☐	... erkennen, wann Bezeichnungen für Sprachen, geografische Namen und Eigennamen bzw. Titel groß- und wann sie kleingeschrieben werden.	S. 28–31
☐	... bei der Schreibung der Wochentage, Tageszeiten und Uhrzeiten die richtige Groß- und Kleinschreibung anwenden.	S. 31–33

Getrennt- und Zusammenschreibung

In diesem Kapitel werden nur die wichtigsten Regeln behandelt.
Im Zweifelsfall hilft dir das Österreichische Wörterbuch weiter.

Schreibung mit Nomen

Man schreibt **groß und zusammen**, wenn der **letzte Bestandteil** der Zusammensetzung **ein Nomen** ist.
Beispiele:
das Fotoalbum (= Nomen + Nomen)
die Backstube (= Verb + Nomen)
das Altpapier (= Adjektiv + Nomen)

Ü 38

Bilde aus den angeführten Wortgruppen zusammengesetzte Nomen!

Beispiel: eine Überraschung zum Geburtstag – eine Geburtstagsüberraschung

1. ein Striezel mit Rosinen ______
2. ein Konto auf der Bank ______
3. ein Umschlag für ein Buch ______
4. eine Tasche aus Leder ______
5. ein Heim für Pensionisten ______
6. ein Unfall mit einem Auto ______
7. die Verschmutzung der Umwelt ______
8. eine Sendung für die Jugend ______
9. eine Tablette gegen Kopfweh ______
10. einige Tränen der Freude ______

Ü 39

Hier ist einiges durcheinandergeraten.
Stelle die richtigen Zusammensetzungen von Adjektiven und Nomen wieder her!

Blaubrot – Schwarzfamilie – Großlicht – Hochglas – Altland –
Festhaus – Neubus – Kleingummi – Starkbeginn – Hartstrom

______
______
______

Ü 40

Bilde zusammengesetzte Nomen, indem du die angegebenen Verbstämme mit den richtigen Nomen verbindest! Verwende jedes Wort nur einmal! Schreibe die Lösungen auf!

Back-	Schein	______
Schwimm-	Lampe	______
Park-	Krampf	______
Lese-	Brunnen	______
Spring-	Becken	______
Steh-	Rohr	______
Wein-	Zeichen	______

Schreibung mit Verben

Nomen und Verb

Verbindungen von Nomen und Verb werden in der Regel **getrennt geschrieben**.
Dies ist auch der Fall, wenn sie mit **„zu"** verbunden sind.
Beispiel: Schlitten fahren, Schlitten gefahren, Schlitten zu fahren

Ausnahmen:

1. In den folgenden elf Fällen, in denen das Nomen als Verbzusatz verwendet wird, schreibt man **zusammen**:

   eislaufen, kopfstehen, leidtun, nottun, standhalten, stattfinden, stattgeben, statthaben, teilhaben, teilnehmen, wundernehmen

   Daher: Ich gehe **eislaufen**. Ich **laufe** gerne **eis**.

2. In den folgenden vier Fällen kann man **getrennt und zusammenschreiben**:

   achtgeben/Acht geben, Acht haben/achthaben, haltmachen/Halt machen, maßhalten/Maß halten

Ü 41

Bilde mit den angeführten Nomen und Verben passende Zusammensetzungen! Verwende jedes Wort nur einmal! Schreibe die Lösungen in die drei freien Spalten!

		Nomen + Verb	Nomen + Partizip	Nomen + zu + Verb
Fenster	nehmen	Fenster putzen	Fenster geputzt	Fenster zu putzen
Blumen	hören	______	______	______
Platz	halten	______	______	______
Musik	putzen	______	______	______
Teppich	waschen	______	______	______
Diät	gießen	______	______	______
Wäsche	schneiden	______	______	______
Haare	klopfen	______	______	______

Ü 42

Löse die angeführten Wortschlangen auf!
Achte auf die Getrennt- und Zusammen- sowie auf die Groß- und Kleinschreibung!
Unterstreiche die Verbindungen von Nomen und Verb!

Beispiel:
mitdemfreundradfahrengehen – mit dem Freund **Rad fahren** gehen

aufdenverkehrachtgeben
inderwerkstattdasautoreparieren
imwohnzimmerstaubwischen
mitdemfreundkartenspielen
denmitmenschenleidtun
eintagebuchführen
zehnminutenhaltmachen
imurlaubsnowboardfahren
fürdenanzugmaßnehmen
beimessenmaßhalten

Ü 43

Ergänze die fehlenden Prädikate in den angeführten Sätzen! Achte auf die richtige Zeitform!

Präteritum (Mitvergangenheit)		Futur (Zukunft)
Am gelungenen Verlauf des Festes **hatte** Patrick maßgeblich **teil**.	**teilhaben**	Am gelungenen Verlauf des Festes **wird** Patrick maßgeblich **teilhaben**.
Thomas und Annika am Nachmittag .	**eislaufen**	Thomas und Annika am Nachmittag .
Aufgrund des Besuches des Bundespräsidenten gestern unsere Schule .	**kopfstehen**	Aufgrund des Besuches des Bundespräsidenten unsere Schule morgen .
Im Nachhinein ihm sein falsches Verhalten .	**leidtun**	Im Nachhinein ihm sein falsches Verhalten sicher noch .
Die Mithilfe aller Beteiligten bei der Vorbereitung des Konzertes .	**nottun**	Die Mithilfe aller Beteiligten bei der Vorbereitung des Konzertes .
Gott sei Dank der Damm dem Hochwasser .	**standhalten**	Der Damm hoffentlich dem Hochwasser .
Der Wandertag bei schönem Wetter .	**stattfinden**	Der Wandertag nur bei schönem Wetter .
Der Richter dem Einspruch des Rechtsanwaltes .	**stattgeben**	Der Richter dem Einspruch des Rechtsanwaltes .
Melanie und Sabine an der Blutspendeaktion .	**teilnehmen**	Melanie und Stefanie an der Blutspendeaktion .

Verbindungen von Nomen und Verb bzw. Verb und Verb werden groß- und zusammengeschrieben, wenn sie **nominal gebraucht** werden, das heißt, als Ganzes zu einem Nomen gemacht werden.
Dies ist der Fall, wenn

- ein Artikel oder ein **versteckter Artikel**, wie z. B. **zum, beim, vom, ins, ans** vor der Verbindung steht.
- ein Artikel vor die Verbindung gesetzt werden könnte oder **ein Adjektiv oder ein Fürwort** zu ihm gehört.

Beispiele:
das Schlittenfahren, **fürs** Schlittenfahren, **das** Kennenlernen, **beim** Kennenlernen
Uns allen macht **das Schlittenfahren** Spaß. Sie hat sich **beim Schlittenfahren** verletzt. Im Winter sind (das) **Schlittenfahren** und (das) **Eislaufen** meine liebsten Freizeitbeschäftigungen.
ABER:
Morgen werden wir mit unseren Freunden **Schlitten fahren** gehen. Wer hat Lust, mit mir **Schlitten** zu **fahren**?

Ü 44

Ergänze in den einzelnen Sätzen die fehlenden Verbindungen von Nomen und Verb bzw. Verb und Verb! Sie sind in Klammer angeführt.

1. Meiner Tante fällt **das** ______________ recht schwer. (Diät halten)
2. Zum ______________ habe ich heute einfach keine Lust. (spazieren gehen)
3. Vom heftigen ______________ ist ihr etwas schwindlig geworden. (Walzer tanzen)
4. Meiner kleinen Schwester bereitet das ______________ keine Probleme. (lesen lernen)
5. Kaum ist Philipp bei der Tür draußen, denkt er schon nicht mehr ans ______________. (schweigen müssen)

Verb und Verb

Verbindungen von zwei Verben – auch wenn sie mit „zu“ verbunden sind – schreibt man **getrennt**.
Beispiele:
schreiben lernen, schwimmen gehen, lesen üben ...;
schreiben zu lernen, schwimmen zu gehen, lesen zu üben ...

AUSNAHME:

- Verbindungen mit **bleiben** oder **lassen** können **getrennt oder zusammengeschrieben** werden, wenn sie eine **neue Bedeutung** haben.
  Beispiele:
  sitzen bleiben (= nicht aufstehen), sitzen bleiben/sitzenbleiben (= die Klasse wiederholen müssen = neue Bedeutung) – sitzen zu bleiben/sitzenzubleiben
  den Gast stehen lassen (= nicht niedersetzen lassen), jemanden stehen lassen/stehenlassen (= nicht beachten, sich abwenden) – stehen zu lassen/stehenzulassen
- Auch kennen lernen/kennenlernen (kennen zu lernen/kennenzulernen) kann immer getrennt oder zusammengeschrieben werden.

Ü 45

Verändere die Aussage der angeführten Sätze durch Verwendung der in Klammer angegebenen Modalverben! Unterstreiche jeweils die Verbindung der beiden Verben im Infinitiv! Führe bei zwei Schreibvarianten beide an!

Beispiel:
Wir lassen uns das nicht länger gefallen. (wollen)
Wir wollen uns das nicht länger **gefallen lassen**.

1. Silke geht morgen mit Dominik essen. (möchten)
   Silke möchte morgen ______
2. Hannah bleibt auf ihrem Sessel sitzen. (dürfen)
   ______
3. Beim Elternsprechtag lernt meine Mutter unseren neuen Englischlehrer kennen. (können)
   ______
4. Bernhard geht jeden Abend mit seinem Hund spazieren. (müssen)
   ______
5. Dominik steigt in die nächste Klasse auf und bleibt nicht sitzen. (wollen)
   ______
6. Keinesfalls lassen wir die andere Mannschaft gewinnen. (dürfen)
   ______
7. Beate kann das Gedicht fehlerfrei aufsagen. (sollen)
   ______
8. Die meisten Schülerinnen und Schüler können gut rechtschreiben. (wollen)
   ______
9. Simon lässt das Glas nicht fallen. (dürfen)
   ______
10. Sophie lässt ihren Plan, ins Kino zu gehen, fallen. (müssen)
   ______

Ü 46

Vervollständige die begonnenen Sätze, indem du das Perfekt bildest oder die beiden Infinitive mit „zu" verbindest! Es handelt sich inhaltlich um die Sätze von Übung 45.

Beispiel:
Wir haben uns das nicht länger gefallen lassen. (Perfekt)
Wir haben beschlossen, uns das nicht länger gefallen zu lassen. (Infinitiv mit „zu")

1. Silke ist gestern mit Dominik ______
2. Hannah ist auf ihrem ______
3. Beim Elternsprechtag hat meine Mutter die Möglichkeit, unseren ______
4. Bernhard ist jeden Abend ______
5. Dominik ist in die nächste Klasse ______
6. Unser Plan ist es nicht, die andere Mannschaft ______
7. Beate gelingt es, ______

8. Ziel der meisten Schülerinnen und Schüler ist es, gut
9. Simon hat das Glas
10. Sophie beabsichtigt, ihren Plan,

Verbindungen mit „sein"

Verbindungen mit dem Hilfsverb **„sein"** schreibt man **getrennt**.

Beispiele:
auf sein, mit sein, dagegen sein

Ü 47

Ergänze in den Sätzen die fehlenden Verbindungen mit „sein"! Sie sind im Kästchen angeführt.

vonnöten sein – fertig sein – los sein – da sein – vorbei sein – vorhanden sein – zumute sein – zufrieden sein

1. Es ist kurz vor Mitternacht. In wenigen Minuten wird also das alte Jahr ______.
2. Nach der bestandenen Prüfung wird ihm sicher sehr wohl ______.
3. Es ist jetzt bereits acht Uhr. Er sollte schon längst ______.
4. Mit dem Ergebnis der Verhandlungen kannst du mehr als ______.
5. Denk daran, bis morgen muss das Referat ______!
6. Marlies hofft, dass es nicht ______ wird, ihr verletztes Bein einzugipsen.
7. Erfahrungsgemäß wird auch heuer wieder beim Schulfest in der Disco viel ______.
8. In der Schachtel sollten noch mehrere Textmarker ______.

Adjektiv und Verb

1. Ein Verb kann mit einem Adjektiv **zusammen- oder getrennt geschrieben** werden, wenn das Adjektiv das **Ergebnis eines Vorgangs** bezeichnet.
   Beispiel:
   glatt kann das Ergebnis von **hobeln** sein, daher: ein Brett **glatt hobeln/glatthobeln**
   Ergebnis: ein **glatt gehobeltes/glattgehobeltes** Brett
2. **Adjektiv und Verb** werden **zusammengeschrieben**, wenn die **Zusammensetzung** eine **neue Bedeutung** ergibt.
   Beispiel:
   die Zeiger der Uhr **richtig stellen** (= eigentliche Bedeutung)
   den Fehler **richtigstellen** (= neue Bedeutung: berichtigen)
3. Gilt weder 1. noch 2., dann schreibt man **getrennt**. Hierbei handelt es sich meist um **abgeleitete**, **zusammengesetzte** oder **erweiterte** Adjektive.
   Beispiele:
   beim Referat frei reden (= kein Ergebnis, keine übertragene Bedeutung), sehr nahe kommen (= erweitertes Adjektiv), freudlos spielen (= zusammengesetztes Adjektiv)

Ü 48

Tätigkeiten in der Küche: Formuliere entsprechende Wendungen! Halte dich an das Beispiel! Führe beide Schreibweisen an! Das Adjektiv bezeichnet das Ergebnis eines Vorgangs.

das Ei + kochen + weich	das Ei weich kochen/weichkochen
die Zwiebel + hacken + grob	
den Kaffee + mahlen + fein	
die Getränke + stellen + kalt	
den Teig + rühren + glatt	
das Eiklar + schlagen + steif	
die Suppe + stellen + warm	
das Messer + machen + scharf	
das Ei + kochen + hart	

Ü 49

Notiere die Ergebnisse der Küchentätigkeiten von Übung 46! Führe beide Schreibweisen an! Schreibe in dein Übungsheft!

das weich gekochte/weichgekochte Ei …

Ü 50

Entscheide, ob das Adjektiv in den angeführten Beispielen ein Ergebnis bezeichnet oder nicht! Überlege, ob Getrennt- und Zusammenschreibung oder nur Getrenntschreibung möglich ist! Fülle die Lücken!

laut/singen	das Lied laut singen
sauber/machen	die Wohnung
schnell/laufen	die letzte Runde
blau/färben	den Schal
kurz/schneiden	die Haare
leise/öffnen	die Haustür
langsam/lesen	den Text
falsch/lösen	das Rätsel
leer/essen	den Teller
gerade/richten	das Bild
ernst/nehmen	den Rat
heiß/machen	das Essen

Ü 51

Ergänze die jeweils fehlende Verbindung von Adjektiv und Verb in der richtigen Schreibung! Bei wörtlicher Bedeutung wird getrennt, bei übertragener Bedeutung (immer angegeben) zusammengeschrieben.

1. gut machen/gutmachen (in Ordnung bringen)
   Jonathan wird seine Sache sicher ______, davon bin ich überzeugt.
   Wir erwarten, dass er den Schaden so bald wie möglich wieder ______ wird.

2. frei sprechen/freisprechen (für unschuldig erklären)
   Die Frage ist: Wird der Richter den Angeklagten __________ oder nicht?
   Beim Referat sollte man __________ und nicht vom Zettel ablesen.
3. groß schreiben/großschreiben (mit großem Anfangsbuchstaben schreiben)
   Nach einem Doppelpunkt bei wörtlicher Rede musst du das erste Wort immer __________.
   Überschriften musst du unbedingt __________. Sie sollen sofort ins Auge springen.
4. sicher gehen/sichergehen (kein Risiko eingehen)
   Da sie __________ will, dass ihre Freundin ihr E-Mail gelesen hat, ruft sie sie am Abend zu Hause an.
   Wer von euch kann über den Balken __________ und steigt nicht hinunter?
5. gerade stehen/geradestehen (Verantwortung übernehmen)
   Hat man einen Fehler gemacht, so sollte man dafür __________.
   Die Soldaten sollen __________.
6. falsch schreiben/falschliegen (sich täuschen)
   Man glaubt gar nicht, wie viele Schülerinnen und Schüler das Wort „nämlich" __________.
   Ich nehme an, er wird mit seiner Vermutung wieder __________.
7. schwer arbeiten/schwerfallen (schwierig sein)
   In ihrem Ferialjob muss Miriam __________.
   Dominik wird es in dieser Angelegenheit __________, das Gegenteil zu beweisen.

Ü 52 **Ergänze die Tabelle, indem du die entsprechenden Verbindungen von Adjektiv (auf -ig, -isch oder -lich) und Verb bildest!**

Adjektiv + Infinitiv	Adjektiv + Partizip 1	Adjektiv + Partizip 2
spöttisch reden	spöttisch redend	spöttisch geredet
kritisch denken	__________	__________
freundlich grüßen	__________	__________
herzlich empfangen	__________	__________
vorsichtig öffnen	__________	__________
tragisch enden	__________	__________
richtig lösen	__________	__________
menschlich handeln	__________	__________
sich schrecklich fühlen	__________	__________
hämisch grinsen	__________	__________
ungläubig schauen	__________	__________
sich schmutzig machen	__________	__________

Untrennbare und trennbare Zusammensetzungen

Folgende **untrennbare Zusammensetzungen** schreibt man immer zusammen:

1. **Nomen und Verb:**

brandmarken, handhaben, maßregeln, schlafwandeln, schlussfolgern, wehklagen ...

   Beispiel:
   das Werkzeug richtig **handhaben**
   Es gefiel mir, wie er das Problem **handhabte**.

   Die folgenden Verbindungen kommen nur im Infinitiv, als Partizip und als Nomen vor. Personalformen sollten keine gebildet werden.

bauchreden, bergsteigen, bruchrechnen, kopfrechnen, notlanden, punktschweißen, sackhüpfen, segelfliegen, seiltanzen, sonnenbaden, wettlaufen ...

   Beispiel:
   Das Kopfrechnen bereitet Simon keine Mühe.
   Am schnellsten von allen hatte Emil kopfgerechnet.
   Wer von euch kann gut kopfrechnen?
   Verwende nicht den Taschenrechner, sondern versuche kopfzurechnen!

   Keine Personalformen bilden!

   Simone Kopfrechnet von allen Schülerinnen am besten.

2. **Adjektiv und Verb:**

frohlocken, langweilen, liebäugeln, liebkosen, vollbringen, weissagen ...

   Beispiel:
   er **liebkost**, sie **liebkoste**, sie hat **liebkost**

3. **Präposition/Adverb und betontes Verb:**

durchbr**e**chen, hinterg**e**hen, übers**e**tzen, umf**a**hren, unterst**e**llen, widerspr**e**chen, wiederh**o**len ...

   Beispiele:
   Sie **durchbricht** die Regel. Er **widerspricht** ihm.

4. In folgenden Fällen kann **getrennt oder zusammengeschrieben** werden:

gewährleisten/Gewähr leisten, staubsaugen/Staub saugen, brustschwimmen/Brust schwimmen, marathonlaufen/Marathon laufen, danksagen/Dank sagen

Folgende **trennbare Zusammensetzungen** schreibt man immer **zusammen**:

1. **Präposition und unbetontes Verb:**
   Dazu zählen Zusammensetzungen mit:
   auf-, aus-, bei-, durch-, bei-, entgegen-, entlang-, gegenüber-, hinter-, mit-, nach-, über-, unter-, vor-, wider-, zu-, zwischen- ...
   Beispiele:
   aufnehmen, sie nimmt ihn **auf**; **mit**machen, wir machen **mit** ...

2. **Adverbien und Verb, wenn die Betonung auf dem Adverb liegt:**
   Dazu zählen Zusammensetzungen mit:
   abwärts-, auseinander-, beisammen-, dabei-, davor-, dazu-, dazwischen-, empor-, fort-, heraus-, hin-, hinein-, rückwärts-, voraus-, vorbei-, vorher-, weg-, weiter-, wieder-, zurück-, zusammen- ...
   Beispiele:
   abwärtsgehen, **fort**laufen, **zurück**geben ...

   Achtung!
   zwei Bücher übereinanderlegen, aber: übereinander reden

   Hilfe: Bei Getrenntschreibung können zwischen den Bestandteilen (Adverb und Verb) Satzglieder eingeschoben werden.
   dabei sitzen: Er wollte dabei auf einem Sessel sitzen.
   dabeisitzen: Er wollte nicht dabeisitzen (bei den anderen Spielern).

3. Wörter, die **nicht mehr ihrer ursprünglichen Wortart** angehören oder **nicht mehr allein vorkommen**, und Verben.
   Dazu gehören folgende Bestandteile:
   - fehl- (fehlgehen), feil- (feilbieten), heim- (heimgehen), irre- (irreführen), kund- (kundtun), preis- (preisgeben), wahr- (wahrnehmen), weis- (weismachen), wett- (wettlaufen) ...
   - abhanden- (abhandenkommen), anheim- (anheimstellen), bevor- (bevorstehen), dar- (darbieten), einher- (einhergehen), entzwei- (entzweibrechen), inne- (innehalten), überhand- (überhandnehmen), vorlieb- (vorliebnehmen), zurecht- (zurechtweisen) ...

   In **getrennter Stellung** werden die **ersten Bestandteile immer kleingeschrieben**, weil sie nicht mehr als Nomen aufgefasst werden.
   Beispiel:
   sie geht **heim**, sie ging **heim**, sie ist **heim**gegangen, **heim**zugehen, **heim**gehend
   die Vase bricht **entzwei**, die Vase ist entzweigebrochen, entzweizubrechen

Ü 53

Ergänze die richtige Form der untrennbaren Zusammensetzung: Partizip 2, Nomen, Infinitiv mit „zu"! Achte auf die Groß- und Kleinschreibung!

1. Die letzten 50 Meter ist Fiona nur mehr __________. (brustschwimmen)
2. Beim __________ sind ihm diesmal leider einige gravierende Fehler unterlaufen. (bruchrechnen)
3. Da am Flugzeug schwerwiegende Defekte auftraten, versuchte der Pilot in der Wüste __________. (notlanden)
4. Silvia fordert Monika dazu auf, gegen sie __________. (wettlaufen)
5. Bei der Weltmeisterschaft im __________ war keine Teilnehmerin so gut wie die junge Französin. (bauchreden)
6. Nächstes Wochenende will mein Onkel mit mir __________ gehen. (bergsteigen)
7. Vor dem __________ sollte man sich gründlich mit Sonnencreme einschmieren. (sonnenbaden)
8. Meine Mutter kann dem Artisten beim __________ in zehn Metern Höhe nicht zusehen. (seiltanzen)
9. Wer von euch war schon einmal __________? (segelfliegen)

Ü 54

In jedem der angeführten Sätze findet sich ein Fehler! Stelle ihn richtig und schreibe die Sätze anschließend in dein Übungsheft! Untrennbare Verbindungen wurden fälschlicherweise getrennt, trennbare Verbindungen wurden als untrennbare aufgefasst.

Beispiel:

Keiner der Nachbarn wahrnahm den Einbruch.
Keiner der Nachbarn **nahm** den Einbruch **wahr**.

Nach der schweren Geburt koste die Mutter ihr Baby lieb.
Nach der schweren Geburt **liebkoste** die Mutter ihr Baby.

1. Am Wochenmarkt feilboten zahlreiche Händler ihre Ware. (= zum Kauf anbieten)
2. Aus dem Verhalten seines Gegners folgerte er schluss, dass dieser im Begriff war, vorzeitig aufzugeben.
3. Bei seiner Dankesrede pries er die Spendenfreudigkeit der Menschen lob.
4. Der Lehrer regelte die Schülerin maß, weil sie wieder einmal gegen die Schulordnung verstoßen hatte.
5. Der Vorsitzende der Jury preisgab den Namen der Gewinnerin des Musikwettbewerbs.
6. Die Aktion zur Befreiung der Geiseln fehlschlug Gott sei Dank nicht.
7. Die Fans lockten über den Sieg ihrer Mannschaft froh.
8. Einer nach dem anderen kundtat seine Wünsche.

Ü 55

Übertrage die angeführten Wendungen in Schreibschrift! Bilde danach mit dem vorgegebenen Beginn einen kurzen Satz im Präteritum (in der Mitvergangenheit)! Achte auf Getrennt- und Zusammenschreibung sowie Groß- und Kleinschreibung!

1. DER/MUTTER/WIDER/SPRECHEN
2. VOR/DEM/HUND/DAVON/LAUFEN
3. DAS/BUCH/ZURÜCK/GEBEN
4. SICH/DEM/BEFEHL/WIDER/SETZEN
5. DAS/KOMMANDO/ÜBER/NEHMEN
6. TROTZ/REGENS/HINAUS/GEHEN
7. MIT/DER/ÜBUNG/WEITER/MACHEN
8. DIE/FRAGE/NICHT/WIEDER/HOLEN
9. DEN/KOFFER/HERUNTER/HEBEN
10. NEUEN/STOFF/DURCH/NEHMEN

1.	der Mutter widersprechen	Er widersprach der Mutter.
2.		Sie
3.		Wir
4.		Ich
5.		Ihr
6.		Du
7.		Sie (Mehrzahl)
8.		Sie
9.		Ich
10.		Er

Ü 56

Verbinde die angeführten Wortbestandteile mit den richtigen Verben! Beachte die Zusammenschreibung!

Beispiel:
zurecht-, inne- und haben, kommen → zurechtkommen, innehaben

abhanden-, beiseite-, überhand- und nehmen, kommen, legen
→ ____________________

vonstatten-, zugute-, vorlieb- und nehmen, gehen, kommen
→ ____________________

zunichte-, zuteil-, entzwei- und schlagen, machen, werden
→ ____________________

einher-, zurecht-, inne- und wohnen, gehen, legen
→ ____________________

Schreibung mit Adjektiven und Partizipien

Zusammenschreibung

Verbindungen von Nomen und Adjektiven werden **klein- und zusammengeschrieben**, wenn sie einen **einheitlichen Begriff** bilden.
Beispiele:
Farben + blind = farbenblind, Blitz + schnell = blitzschnell, Kreis + rund = kreisrund

Ü 57

Finde jeweils in Spalte 1 und 2 die passenden Zusammensetzungen von Nomen und Adjektiv und schreibe sie in dein Übungsheft!

A: 1	2	B: 1	2
Menschen	fest	Schweiß	bleich
Regen	blank	Wort	schwarz
Kampf	alt	Schuld	still
Schaden	bereit	Kreide	karg
Spiegel	gerade	Pech	weich
Stein	leer	Liebe	nass
Felsen	nass	Wind	bewusst
Kerzen	froh	Knie	voll

Verbindungen mit Adjektiven und Partizipien werden **zusammengeschrieben**, wenn

1. der **erste Bestandteil für eine ganze Wortgruppe** steht.
   Beispiele:
   vor Glück strahlend = glückstrahlend, mehrere Wochen lang = wochenlang, mit Schnee bedeckt = schneebedeckt
2. die beiden Teile mit einem **Fugenelement** (z. B. -s-, -n-, -e-) verbunden sind.
   Beispiele:
   alter**s**schwach, sonne**n**arm, werb**e**wirksam
3. der **erste oder zweite Bestandteil** in dieser Form bzw. Bedeutung **nicht als selbstständiges Wort** vorkommt.
   Beispiele:
   zwei**fach**, letzt**malig**, schwarz**äugig**, groß**spurig**

Ü 58

Verkürze die unterstrichene Wortgruppe – hier als Attribut verwendet – zu einem zusammengesetzten Wort! Schreibe die Lösung auf!

1. ein mit der Hand geknüpfter Teppich — ein handgeknüpfter Teppich
2. ein von Wolken verhangener Himmel
3. eine mit Schnee bedeckte Wiese
4. ein vor Freude strahlendes Kind
5. ein mit Blut verschmiertes T-Shirt
6. ein von der Sonne durchflutetes Zimmer

Ü 59

Stelle die richtigen Zusammensetzungen wieder her! Schreibe die Lösungen auf!

händeverloren – gedankengebadet – wutschüttelnd – kopfentbrannt – schweißringend

Ü 60

Verbinde die paarweise angeführten Wörter mithilfe eines Fugenelementes miteinander und schreibe sie auf!

Beispiel: Geschlecht/reif – geschlechtsreif

Anlehnung/bedürftig	Leben/fremd
Atmung/aktiv	loben/wert
sterben/krank	Krankheit/bedingt
lesen/faul	Sonne/hungrig

Ü 61

Füge die angeführten Wortbestandteile richtig zusammen und schreibe sie auf!

zehn-	-selig
erst-	-zügig
red-	-süchtig
blau-	-räumig
schwind-	-malig
groß-	-gebig
klein-	-fach
frei-	-äugig

Adjektive werden mit anderen Wörtern zusammengeschrieben, wenn

- **beide Adjektive gleichrangig sind.**
  Beispiel:
  ein **blaugrauer** Vorhang
- der **erste Bestandteil die Bedeutung verstärkt** oder sie **abschwächt**.
  Beispiele:
  bitterböse, **dunkel**grün, **extra**fein

Ü 62

Ergänze jeweils den fehlenden Bestandteil der Zusammensetzung!
Verwende sie dann als Attribut!

Beispiel:
klein + bürgerlich – die **kleinbürgerliche** Welt

blau – feucht – kalt – sauer – stumm – toll

________ + grau	____________ Augen
________ + warm	____________ Klima
nass + ________	____________ Wetter
taub + ________	ein ________________ Mann
________ + kühn	eine ________________ Artistin
süß + ________	____________ Gurken

Getrennt- und Zusammenschreibung

Getrennt oder zusammen schreibt man **Verbindungen mit einem Partizip**, wenn der zugrunde liegende **Infinitiv getrennt geschrieben** wird.
Beispiel:
der Rat suchende/ratsuchende Patient (→ Rat suchen)

Diese Regel gilt auch für Nominalisierungen.
Beispiele:
das auswendig Gelernte/Auswendiggelernte, die Not Leidenden/Notleidenden,
die Auto Fahrenden/Autofahrenden

Ü 63

Löse die angeführten Wortschlangen auf!
Achte auf die Getrennt- und Zusammenschreibung sowie die Groß- und Kleinschreibung!
Führe beide Schreibvarianten an! Unterstreiche die Verbindung von Nomen und Partizip 1!

Beispiel:
dendiensthabendenarztaufsuchen – den Dienst habenden/diensthabenden Arzt aufsuchen

eineangsteinflößendegeschichte

dienotleidendebevölkerung

einfurchterregendesgewitter

einglückbringendesmaskottchen

sichhilfesuchendumblicken

einmitleiderregendeereignis

mehreresporttreibendejugendliche

Bei manchen Verbindungen von Nomen und als Attribut gebrauchtem Partizip ist allerdings nur Zusammenschreibung erlaubt, wenn das Nomen nicht allein stehen könnte, sondern einen Artikel oder eine Präposition verlangt.

Beispiele:
freudestrahlende Kinder = Kinder, die **vor** Freude strahlen
herzerquickende Nachrichten = Nachrichten, die **das** Herz erquicken
kreislauffördernde Turnübungen = Turnübungen, die **den** Kreislauf fördern
blutdrucksenkende Tropfen = Tropfen, die **den** Blutdruck senken

Ü 64

Verwende die als Attribut (Beifügung) zu den Nomen verwendeten Verbindungen nominal! Notiere beide Schreibvarianten! Halte dich an das Beispiel!

die klein gedruckten/kleingedruckten Informationen – das klein Gedruckte/Kleingedruckte
die Sport treibenden/sporttreibenden Jugendlichen
die jung gebliebene/junggebliebene Großmutter
der groß gewachsene/großgewachsene Knabe
die Fußball spielenden/fußballspielenden Mädchen
die Schi fahrenden/schifahrenden Hotelgäste
die gut gelaunte/gutgelaunte Tante
der Rat suchende/ratsuchende Patient

Getrennt und zusammen schreibt man auch
1. **Verbindungen mit einem einfachen Adjektiv**, welches **das folgende Adjektiv oder Partizip in seiner Aussage abstuft.**
2. **Verbindungen mit nicht.**
   Beispiele:
   eng verwandt/engverwandt, eine nicht öffentliche/nichtöffentliche Sitzung

Ü 65

Löse die angeführten Wortschlangen auf! Schreibe beide Schreibungen auf!

eineschwerverdaulichespeise
einleichtverständlichertext
einweitentfernterverwandter
einehochbegabtestudentin
eineengbefreundetefamilie
einenichtamtlichemitteilung
nichtrostenderstahl
einenichtschulischeveranstaltung
einenichtehelicheverbindung

Getrenntschreibung

Verbindungen mit Adjektiven und Partizipien werden **getrennt geschrieben**, wenn die unter „Zusammenschreibung" und „Getrennt- und Zusammenschreibung" angeführten Regeln nicht zutreffen.
Beispiele:
riesig groß, schrecklich allein, malerisch schön, klirrend kalt, gestochen scharf

Ü 66

Stelle die richtige Reihenfolge der Attribute (Beifügungen) in den angeführten Wendungen wieder her! Verwende die entsprechenden Fallendungen und beachte die Getrenntschreibung!

1. eine aktiv sportliche Pensionistin — eine sport**lich** aktive Pensionistin
2. ein klein winziger Zwerg — ______
3. ein nervös schrecklicher Prüfling — ______
4. ein schön einmaliges Gemälde — ______
5. eine anstrengend körperliche Tätigkeit — ______
6. eine duftend herrliche Blume — ______
7. eine stark läuferische Fußballerin — ______
8. eine krank psychische Patientin — ______
9. eine laut unheimliche Musik — ______
10. eine handelnd menschliche Politikerin — ______

Ü 67

In den angeführten Wendungen fehlen die getrennt geschriebenen Verbindungen von Partizipien und Adjektiven. Ergänze sie, indem du die in den Klammern angeführten Angaben entsprechend umformst!

Beispiel:
ein **leuchtend roter** Punkt (leuchten/rot)

1. ______ Zähne (blenden/weiß)
2. eine ______ Frau (bezaubern/schön)
3. eine ______ Kochplatte (brennen/heiß)
4. ein ______ Stern (strahlen/hell)
5. ein ______ Knabe (erschrecken/naiv)
6. eine ______ Kabarettistin (umwerfen/komisch)
7. ein ______ Duft (betören/gut)
8. eine ______ Studentin (auffallen/ehrgeizig)
9. ______ Kohlen (glühen/heiß)
10. eine sich ______ gebende Lehrerin (betonen/lässig)

Schreibung mit Adverbien, Konjunktionen, Präpositionen und Pronomen

Zusammenschreibung

Adverbien, Konjunktionen, Präpositionen und Pronomen schreibt man zusammen.

Adverbien:

- bergab, bergauf, kopfüber, landaus, landein, stromabwärts, stromaufwärts, tagsüber, zweifelsohne …

- <u>Zusammensetzungen mit folgenden Bestandteilen:</u>
  -dessen, -dings, -falls, -halber, -mal, -mals, -maßen, -orten, -orts, -seits, -so, -teils, -wärts, -wegen, -wegs, -weil, -weilen, -weise, -zeit, -zeiten, -zu …
  bei-, der-, nichts-, zu-

  Beispiele:
  allerdings, allseits, beizeiten, bisweilen, ehrenhalber, geradezu, mancherorts, unterdessen, vorzugsweise; beinahe, derzeit, nichtsdestoweniger, zuerst

Konjunktionen:

- anstatt, indem, inwiefern, sobald, sofern, solange, sooft, soviel, soweit …

Präpositionen:

- anhand, anstatt, infolge, inmitten, zufolge, zuliebe …

Pronomen:

- alle Zusammensetzungen mit irgend-:
  irgendein, irgendetwas, irgendjemand, irgendwer, irgendwelcher …

Getrenntschreibung

Man schreibt **getrennt**,
A **wenn der erste Bestandteil sprachlich erweitert** ist.
B wenn die **Wortart**, die **Wortform** oder die **Bedeutung der einzelnen Bestandteile deutlich erkennbar** sind.

Beispiele:

A dieses eine Mal (aber: diesmal), den Strom abwärts (aber: stromabwärts), in keinem Fall (aber: keinesfalls), das erste Mal (aber: erstmals), in bekannter Weise (aber: bekannterweise), zu jeder Zeit (aber: jederzeit), mehrere Tage lang (aber: tagelang), zu allen Zeiten (aber: allzeit), irgend so ein, irgend so etwas (aber: irgendetwas)

B zu Ende, zu Fuß, zu Hilfe, zu Lande, zu Wasser, zu Schaden, darüber hinaus, nach wie vor, vor allem …

ohne dass, statt dass, außer dass; so dass/sodass

so, wie, zu + Adjektiv oder Pronomen:	so hoch, wie hoch, zu hoch; so oft, wie oft, zu oft; so viele, wie viele, zu viele; so weit, wie weit, zu weit

gar kein, gar nicht, gar nichts, gar sehr, gar wohl

Ü 68

Löse die Wortschlangen auf und schreibe sie auf! Es handelt sich um kurze Wendungen. Achte auf die Getrennt- und Zusammenschreibung bzw. Groß- und Kleinschreibung!

demverletztenzuhilfekommen	dem Verletzten zu Hilfe kommen
dasbuchgleichzuendelesen	
tagsüberdafürkeinezeithaben	
ihrzuliebedaraufverzichten	
gleichkopfüberinswasserspringen	
mehreretagekranksein	
sichirgendetwaseinfallenlassen	
vonalldemgarnichtswissen	
zuvielefragenstellen	
sichvorallemdaraufbeziehen	
davongeradezubegeistertsein	
esgenausowieermachen	

Getrennt- und Zusammenschreibung

In den folgenden Fällen ist sowohl Getrennt- als auch Zusammenschreibung möglich.

Fügungen in adverbieller (umstandswörtlicher) Verwendung

Ü 69

Ergänze jeweils die fehlende Schreibvariante!

Beispiel: Der Kurs wird **zustande kommen**. Der Kurs wird **zu Stande kommen**.

Zusammenschreibung	Getrenntschreibung
ein Gerät außerstand setzen	
	zum Aufstehen außer Stande sein
	zur Hilfe im Stande sein
eine Entscheidung infrage stellen	
	nicht gerne zu Hause bleiben
schnell nachhause laufen	
ein Auto instand setzen/halten	
	jämmerlich zu Grunde gehen
jemandem etwas zuleide tun	
damit nicht zurande kommen	
nicht wohl zumute sein	
	sich nichts zu Schulden kommen lassen
	eine Lösung zu Stande bringen
wichtige Beweise zutage fördern	
	eine Einigung zu Wege bringen

Fügungen, die wie Präpositionen verwendet werden

an Stelle/anstelle, auf Grund/aufgrund, auf Seiten/aufseiten, mit Hilfe/mithilfe, von Seiten/vonseiten, zu Gunsten/zugunsten, zu Lasten/zulasten, zu Ungunsten /zuungunsten

Ü 70

Ergänze jeweils die richtige der oben angeführten Fügungen! Schreibe beide Schreibvarianten auf!

1. ________ des Arztes sprach nichts gegen eine Entlassung des Patienten.
2. ________ der Englischlehrerin betrat die Frau Direktorin unser Klassenzimmer.
3. Das Tennisturnier musste ________ des schlechten Wetters verschoben werden.
4. Der Flohmarkt wurde ________ der Kinderkrebshilfe veranstaltet.
5. Die Entscheidung der Jury fiel ________ der Kandidatin aus.
6. Die Schülerinnen sollten den Turnkasten ________ des Trampolins überspringen.
7. Die Zunahme des Straßenverkehrs geht eindeutig ________ der Umwelt.
8. Ich kann die Enttäuschung ________ der Verlierer gut verstehen.

Getrennt- und Zusammenschreibung bei verschiedener Bedeutung

Konjunktionen und Adverbien

Verwendung als Konjunktion (Bindewort) **Sie leitet einen untergeordneten Satz ein.**	**Verwendung als Adverb (Umstandswort)**
sobald, sodass (auch: so dass), solange, sooft, sosehr, soviel, soweit, sofern indem	so bald; ... so, dass ...; so lange, so oft, so sehr, so viel, so weit, so fern in dem
ZUSAMMENSCHREIBUNG	**GETRENNTSCHREIBUNG**

Beispiel:
Mein Freund ist **so sehr** mit seinen Aufgaben beschäftigt, dass er keine Zeit zum Fußballspielen hat.
Sosehr ich es bedauerte, aber ich musste meine Party leider wegen Krankheit absagen.

Ü 71

Stelle fest, ob es sich um ein Adverb oder eine Konjunktion handelt!
Setze richtig in die Lücken ein!

so bald/sobald

Ich habe mir vorgenommen, ihn __________ als möglich in seiner neuen Wohnung zu besuchen. Melde dich bitte, __________ du im Hotel angekommen bist!

so dass/sodass (so dass)

Die Rednerin sprach sehr leise, __________ man sie kaum verstehen konnte. Der Lehrer erklärte den Rechenvorgang __________, __________ sich wirklich alle auskannten.

so lange/solange

Die Besprechung kann nicht beginnen, __________ er nicht da ist. Endlich kam der Brief, auf den Doris __________ gewartet hatte.

in dem/indem

Er schaltete den Mixer aus, __________ er den Knopf drückte. Das ist das Haus, __________ die Diebe ihre Beute versteckten.

so fern/sofern

Das Ereignis liegt schon __________, dass sich Moritz gar nicht mehr daran erinnern kann. __________ es dir recht ist, würden wir den Termin der Unterredung gern verschieben.

so viel/soviel

__________ ich weiß, werden Bernadettes Freundinnen etwas verspätet zur Party kommen. Patrick hatte __________ gelernt, dass er mit einer guten Note rechnen konnte.

so oft/sooft

Meine Großmutter bekreuzigt sich, __________ sie an einer Kirche vorbeikommt. __________ wie in diesem Winter hat es voriges Jahr nicht geschneit.

so weit/soweit

__________ ich mich erinnere, ist es Susanne gewesen, die gesagt hat, sie werde das Geschenk besorgen. Nachdem sie schon __________ marschiert waren, freuten sich alle auf eine Rast.

Großer Schlusstest

Ü 72

Entscheide, ob getrennt oder zusammengeschrieben werden muss!
Setze die in Klammer angeführten Wörter richtig in die Lücken ein!
Achte auch auf die Groß- und Kleinschreibung!

Kurios, kurios! Briefträger beißt Hund!

Franz M. ist Briefträger mit Leib und Seele, bei seinen Kunden (ALL/SEITS) beliebt und immer freundlich und (ZUVOR/KOMMEND). Was ihm am frühen (FREITAG/NACHMITTAG) vergangener Woche (ALLER/DINGS) passierte, kann er selbst nicht verstehen. Die einzige (ERKLÄRUNGS/MÖGLICHKEIT), die er hat, ist, dass er ein vollkommenes Blackout gehabt haben muss.
(JEDEN/FALLS) begann der Tag alles andere als (VIEL/VERSPRECHEND). Herr M. hatte verschlafen, weil der Wecker nicht geläutet hatte. Noch dazu war, wie (SO/OFT) in letzter Zeit, die Heizung ausgefallen, und es war (BITTER/KALT) in der Wohnung. Zu allem Übel stellten sich auch noch starke (KOPF/SCHMERZEN) ein, und als Draufgabe stellte er fest, dass im Vorderreifen seines Fahrrades keine Luft war, (SO/DASS) er den ganzen Weg zu seiner Arbeitsstelle laufen musste, wo gerade an diesem Tag eine Unmenge an Post auf ihn wartete.
(AUF/GRUND) all dieser Vorkommnisse war er (BEGREIFLICHER/WEISE) schon von Beginn an sehr schlechter Laune. Als ihn dann beim Austragen der Briefe und (WERBE/PROSPEKTE) auch noch ein Hund ansprang und leicht in das rechte Bein zwickte, war er mit seinen Nerven am Ende. Nur so lässt sich wahrscheinlich erklären, was dann geschah.
Beim vorletzten Haus in der (BLUMEN/GASSE) in seiner Heimatstadt stürmte plötzlich Ronny, ein an und für sich (GUT/ABGERICHTETER) Schäferhund, der (TAGS/ÜBER) immer im Garten (HERUM/TOLLEN) darf, auf ihn zu. (KEINES/WEGS) wollte er Herrn M. beißen, nein, er wollte ihn (FREUNDLICH/BEGRÜSSEN). Dieser, vom Verlauf des Tages gezeichnet, reagierte vollkommen unerwartet. Anstatt Ronny (ZU/STREICHELN) und mit ihm (KURZ/ZU/SPIELEN), schnappte er ihn, hielt ihn fest und schlug seine Zähne in dessen rechtes Bein. Erst als die Besitzerin (LAUT/SCHREIEND) angelaufen kam, registrierte er, was er da eigentlich Verrücktes tat, und ließ los. Am rechten Bein des Hundes klaffte eine tiefe Wunde, die noch dazu (STARK/BLUTETE). Herr M., der nun wieder zur Besinnung gekommen war, forderte die Frau auf, ihr Haustier (ZU/NEHMEN) und mit ihm gemeinsam in ihrem Auto zum nächsten (DIENST/HABENDEN) Tierarzt zu fahren. Die war (NOCH/IMMER) so geschockt von dem Vorfall, dass sie einfach tat, was ihr der Mann gesagt hatte. Der Veterinär, der sich für den (NOT/FALL) sofort (ZEIT/NAHM), desinfizierte die Wunde und nähte sie mit ein paar Stichen. Eine Stunde später saßen die Besitzerin Ronnys und Herr M., der allerdings (KOPF/SCHÜTTELND), weil er nicht begreifen konnte, was da in ihn gefahren war, wieder im Auto und waren auf dem Heimweg. Die ganze Geschichte war ihm (ÄUSSERST/PEINLICH).

Natürlich übernahm der Briefträger die Tierarztkosten. Da er der Frau glaubhaft machen konnte, dass das nur ein einmaliger Ausrutscher gewesen war, sie __________ (BIS/LANG) auch keinen Grund zur Beschwerde gehabt hatte und noch dazu alles recht __________ (GLIMPFLICH/AUSGEGANGEN) war, beschloss sie, von einer Anzeige __________ (ABSTAND/ZU/NEHMEN). Sehr wohl aber führten beide noch am selben Tag ein Gespräch mit dem Vorgesetzten von Herrn M. Auch ihm war das Verhalten seines Mitarbeiters __________ (VOLLKOMMEN/UNBEGREIFLICH). Da aber in den zwanzig Jahren, in denen er als Briefträger arbeitete, noch nie etwas Negatives vorgefallen war, sprach er nur eine Verwarnung aus. Dennoch war es ihm ein Anliegen, ihm __________ (NAHE/ZU/LEGEN), demnächst einen Psychologen __________ (AUF/ZU/SUCHEN), um eventuelle Probleme mit diesem __________ (AB/ZU/KLÄREN).
Die Besitzerin des Schäferhundes wird in nächster Zeit jedoch darauf achten, dass ihr Hund nicht im Garten __________ (HERUM/TOLLT), wenn der Briefträger kommt. Schließlich will sie __________ (SICHER/GEHEN), dass nicht __________ (NOCH/EINMAL) so ein Vorfall geschieht.

Ü 73

Übertrage die folgenden Sätze in Schreibschrift in dein Übungsheft!
Achte sowohl auf die Getrennt- und Zusammen- als auch auf die Groß- und Kleinschreibung!
(SS = manchmal ß!)

1. DA/PETER/NICHT/SONDERLICH/GUT/SCHI/FAHREN/KANN,/BESCHLIESST/ER,/IN/DEN/SEMESTER/FERIEN/EINEN/SCHI/KURS/ZU/MACHEN.
2. MANUEL/KANN/SEINEN/BLAU/GRAUEN/SCHAL/NICHT/FINDEN,/DESHALB/MUSS/ER/OHNE/IHN/NACH/HAUSE/MARSCHIEREN.
3. VOR/KURZEM/WURDE/IM/FERN/SEHEN/BEKANNT/GEGEBEN,/DASS/DAS/DAMEN/SCHI/RENNEN/WEGEN/STARKEN/SCHNEE/FALLS/NICHT/STATT/FINDEN/KÖNNE.
4. SABINE/VERLIESS/FREUDE/STRAHLEND/DIE/KLASSE,/WEIL/SIE/AUF/DIE/MATHEMATIK/SCHUL/ARBEIT/EINEN/EINSER/BEKOMMEN/HATTE.
5. BEI/DEM/STARKEN/GEGEN/WIND/WAR/ES/SEHR/SCHWIERIG,/AUF/DEM/ZU/GEFRORENEN/TEICH/MIT/DEN/EIS/LAUF/SCHUHEN/VORWÄRTS/ZU/KOMMEN.
6. BEVOR/DU/DIE/SOSSE/DAZU/GIESST,/MUSST/DU/DAS/FLEISCH/AUF/BEIDEN/SEITEN/KURZ/ANBRATEN.
7. WIR/ERHIELTEN/VON/UNSERER/LEHRERIN/DEN/AUFTRAG,/UNS/IN/GRUPPEN/ARBEIT/MIT/DEN/REGELN/DER/GROSS/SCHREIBUNG/AUSEINANDER/ZU/SETZEN.
8. GESTERN/WAR/MICHAELA/IHRE/GELD/BÖRSE/ABHANDEN/GEKOMMEN,/HEUTE/FEHLTE/IHR/ROT/UND/WEISS/GESTREIFTER/SCHIRM.
9. DER/FUSS/BALL/SPIELER/WAR/SO/SCHWER/VERLETZT,/DASS/ER/NICHT/MEHR/IM/STANDE/WAR,/ALLEIN/VOM/SPIEL/FELD/ZU/HUMPELN.
10. ANSTATT/BEIM/REFERAT/FREI/ZU/SPRECHEN,/LAS/SILKE/FAST/ALLES/VOM/STICH/WORT/ZETTEL/AB.

Kompetenz-Check

Das kann ich jetzt!

Kreuze an, was zutrifft! Falls du dich bei dem einen oder anderen Punkt noch nicht sicher fühlst, blättere nochmals zurück und wiederhole diesen Abschnitt!

Ich kann …	Falls ich noch unsicher bin, kann ich hier nachschlagen:
☐ … bei Verbindungen mit Nomen die richtige Getrennt- und Zusammenschreibung anwenden.	S. 37–38
☐ … bei Verbindungen mit Verben die richtige Getrennt- und Zusammenschreibung anwenden. Dazu gehören: ▪ Verbindungen von Nomen und Verben (z. B. eislaufen, Schi fahren) ▪ Verbindungen von Verben und Verben (z. B. schreiben lernen, sitzen bleiben/sitzenbleiben) ▪ Verbindungen mit „sein“ (z. B. auf sein, mit sein) ▪ Verbindungen von Verben und Adjektiven (z. B. richtig stellen/richtigstellen) ▪ untrennbare und trennbare Zusammensetzungen (z. B. schlussfolgern, staubsaugen/Staub saugen)	S. 38–48
☐ … bei Verbindungen mit Adjektiven und Partizipien die richtige Getrennt- und Zusammenschreibung anwenden. Dazu gehören: ▪ Verbindungen von Nomen und Adjektiven (z. B. menschenleer, wochenlang) ▪ Verbindungen von Adjektiven und Adjektiven sowie anderen Wörtern (z. B. blaugrau, bitterböse, eng verwandt, sportlich aktiv) ▪ Verbindungen von Nomen und Partizipien (z. B. das auswendig Gelernte/das Auswendiggelernte)	S. 48–51
☐ … bei Verbindungen mit Adverbien, Konjunktionen, Präpositionen und Pronomen die richtige Getrennt- und Zusammenschreibung anwenden.	S. 52–56

Wörter mit Doppelkonsonanten

Doppelkonsonanten (Doppelmitlaute) stehen nur nach **kurz gesprochenem Vokal** (Selbstlaut). Es gibt folgende Doppelkonsonanten:

1. bb, dd, gg; ff, ll, mm, nn, pp, rr, tt
2. ck und tz, kk und zz
3. ss (siehe Kapitel s-Schreibung)

Wörter mit bb, dd, gg

Es gibt nur wenige Wörter mit **bb, dd** und **gg**.
Du musst dir diese Wörter einfach einprägen.

Ü 74 **Entscheide, ob die angeführten Wörter mit bb oder gg geschrieben werden! Schreibe sie nach dem Doppelmitlaut geordnet auf!**

ba?ern – blu?ern – kna?ern – Do?e – kra?eln – vere?en – schru?en – flü?e – Ho?y – kri?eln – ru?eln – Ro?e – Fla?e – schmu?eln – sa?ern – e?en – bi?ern – Ro?en – jo?en – schwa?elig

bb: ____________________

____

gg: ____________________

____

Ü 75 **Ordne die angeführten Wörter mit dd – eines davon senkrecht – richtig in das Kreuzworträtsel ein!**

addieren – buddeln – Paddel – Pudding – Teddybär – verheddern (hängen bleiben) – Widder

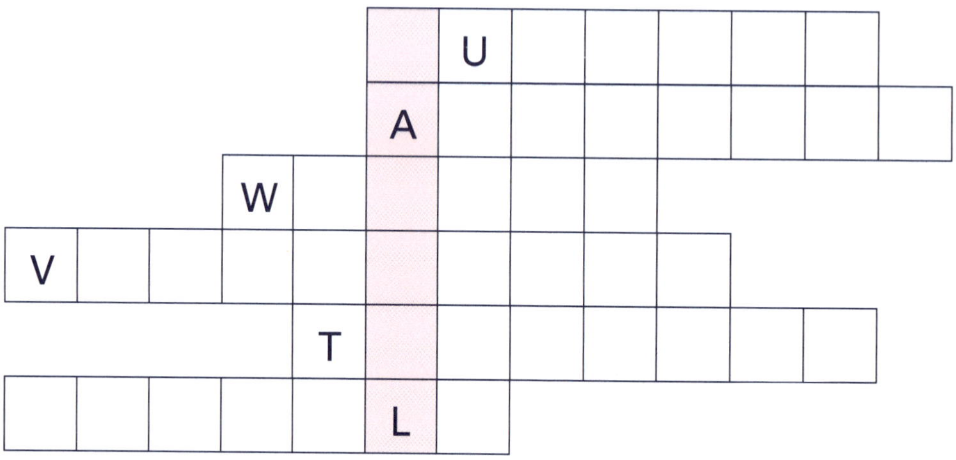

Wörter mit ff, ll, mm, nn, pp, rr, tt

Ü 76

Ergänze in den Wortfamilien die fehlenden Konsonanten!
Achte darauf, ob der Stammvokal kurz oder lang gesprochen wird!
Die Schreibung innerhalb einer Wortfamilie kann sich ändern!

Beispiel:
fa**ll**en – gefa**ll**en – er f**ie**l – das Gefä**ll**e – das Fa**ll**obst

Infinitiv	Präteritum	Partizip 2	Nomen
beginnen	wir bega en	bego en	der Begi , von Anbegi
bitten	er ba	gebe en	die Bi e, der Bi gottesdienst
brennen	es bra te	gebra t	der Bra d, die Verbre ung
gleiten	wir gli en	gegli en	der Paraglei er
glimmen	sie glo	geglo en	der Gli stängel
greifen	sie gri en	gegri en	der Grei vogel, der Haltegri
leiden	ihr li et	geli en	das Lei en
quellen	es quo	gequo en	die Que e, das Que wasser
reiten	sie ri	geri en	der Ausri , der Rei stall
saufen	es so	geso en	der Säu er
schneiden	du schni st	geschni en	der Schni , der Schnei ezahn
sperren	ich spe te	gespe t	die Spe e, die Abspe ung
stoppen	du sto test	gesto t	die Sto uhr
streiten	du stri st	gestri en	der Strei punkt
treffen	ich tra	getro en	der Tre punkt, der Jugendtre

Der **Konsonant** (Mitlaut) nach einem kurz gesprochenen Vokal (Selbstlaut) wird **nicht verdoppelt**, wenn ein **zweiter Konsonant** folgt.
Beispiele: der Bunsti**ft**, ge**lt**en

Ausnahme:
Verben mit Doppelkonsonant in der Nennform weisen ihn auch in der Personalform auf.
Beispiele: er ka**nnt**e (ke**nn**en), es gefä**llt** (gefa**ll**en), du schle**pp**st (schle**pp**en)

Ü 77

Ergänze in den angeführten zusammengesetzten Nomen die fehlenden Konsonanten!

Scha pla e	Baumwo pu over
Zigare enstu el	Scha tknü el
Mari enkompo	Pfe deko el
Kna e ekt	Ra sfe d
Schri tste er	Karto elsu e
Ba tsto el	Galo re en
He entoile e	Kra tfu er
Ste nschnu e	Schna sbre erei
Geschä tsste e	Scha dä ung
We ersate it	We tenbu ler
Sto perschri e	Pa enhi fe

Fremdwörter mit Doppelkonsonanten

Auch schon in Übung 77 kommen Fremdwörter vor.

Ü 78

Fremdwörter mit pp und tt:
Bringe die vertauschten Silben in die richtige Reihenfolge!
Schreibe die Nomen, die sich bilden lassen, auf!

Beispiel:
SCHET – MAN – TE = Manschette

AP – TIT – PE		RIE – TE – BAT	
PLAUS – AP		RAT – AP – PA	
SET – KAS – TE		LETT – BAL	
NETT – BI – KA		RET – TE – OPE	
TION – OP – PO – SI		AT – PE – TRAP	
MENT – PAR – TE – AP		SER – TE – ET – VI	

Ü 79

Ergänze in den angeführten Fremdwörtern zeilenweise die richtigen Doppelkonsonanten – ff, ll, mm, nn, rr! Jeder Doppelkonsonant kommt pro Zeile nur einmal vor!

Bu ___ et	Ziga ___ e	Inte ___ igenz	Sava ___ e	Telegra ___
Porze ___ an	Ka ___ ibale	Ko ___ issar	O ___ izier	Te ___ arium
Ka ___ iere	Mi ___ ion	Gira ___ e	Kolo ___ e	Sy ___ etrie
Ante ___ e	Ko ___ entar	Te ___ asse	Ka ___ ee	Bi ___ et
Kara ___ e	Ba ___ iere	I ___ ovation	I ___ unsystem	Mi ___ iarde

Ü 80

Ordne die angeführten Fremdwörter den richtigen Bedeutungserklärungen zu!
Leite danach von ihnen Verben auf -ieren ab! (Beispiel: Kommentar – kommentieren)

Abonnement – Appell – Arrest – Chauffeur – Kollision –
Korrektur – Raffinerie – Schraffur – Souffleuse – Terror

	Fremdwort	Verb auf -ieren
1. Aufruf, Aufforderung		
2. Zusammenstoß von Fahrzeugen		
3. Dauerbezug, z. B. einer Zeitung		
4. Verbesserung		
5. Schrecken, Gewaltherrschaft		
6. Lenker, z. B. eines Busses		
7. Einsagerin in einem Theater		
8. industrielle Reinigungsanlage		
9. parallele Strichlinien		
10. Gefängnis, Haft		

Wörter mit ck und k, tz und z

Zusätzlich zur Regel, dass Doppelkonsonanten – ck und tz gelten als solche – nur nach kurz gesprochenem Vokal stehen, kannst du dir auch folgende Regel merken:

Nach l, m, n, r, das merke ja,
steht **nie tz und nie ck**!

Beispiele:
Socken: kurz gesprochener Vokal ⟶ ck
Satz: kurz gesprochener Vokal ⟶ tz
ekelig: lang gesprochener Vokal ⟶ k
Weizen: lang gesprochener Vokal ⟶ z
Bank: n vor k
Holz: l vor z

Ü 81

Setze ck und k richtig in die Lücken ein!

1. Das Kleinkind saß auf der Schau el und beobachtete die laut blö enden Schafe.
2. Die Se retärin zü te ihren Notizblo und notierte die wichtigsten Informationen.
3. Ich bin der Meinung, dass es in Österreich Autolen ern verboten sein sollte, Al ohol zu trin en.
4. Meiner Mutter sto te der Atem, als sie die eingetro neten Blutfle en auf dem hellblau gespren elten Fußboden entde te.
5. Melanie saß am Rand des Schwimmbe ens und rä elte sich in der Sonne.
6. Durch den Fun enflug der alten Dampflo omotive wurden entlang der Bahnstre e an zwei Stellen kleine Brände ausgelöst.
7. Mein kleiner Bruder schen t meiner Großmutter heuer zu Weihnachten einen selbst bemalten Kleiderha en.
8. Meine Großtante spu t dreimal kräftig in die Hände, bevor sie mit dem Holzha en beginnt.

Ü 82

Setze tz und z richtig in die Lücken ein!

1. Die Schülerinnen erhalten den Auftrag, eine Kur fassung von dem ihnen vorgelegten Gese estext zu erstellen.
2. Zum Schu vor lästigen Gelsen brachten wir über unserem Bett ein Moskitone an.
3. Während wir noch über die Weide spa ierten, zogen bereits dichte Wolken auf und die ersten Bli e zuckten am Himmel.
4. Simone nahm sich vor, den Rat ihrer Schwester zu beher igen und doch den Ar t aufzusuchen, um ihm ihr verle tes Bein zu zeigen.
5. Die ältere Dame nahm laut seuf end auf dem freien Si Pla .
6. Dominik rei t gelegentlich seine Ka e. Dann he t er sie durch den Garten oder zieht sie am Schwan .
7. In diesem Jahr se te die Schneeschmel e um zwei Wochen später ein.
8. Die Jugendlichen marschierten scher end und einander Wi e erzählend den Hang hinauf.
9. Das Ein ige, das sich Elke heuer zu Weihnachten wünscht, ist ein dunkelblaues Sweatshirt mit einer Kapu e.

Fremdwörter mit k

Schon in Übung 81 sind einige Fremdwörter mit k zu finden.

In der Regel werden Fremdwörter mit k geschrieben.
Ausnahmen sind zum Beispiel:
Attacke, Jockey, Ticket, Hockey

Ü 83

In der angeführten Wortschlange finden sich 11 Nomen mit k. Deren Endung -tion fehlt allerdings. Grenze zuerst mit Längsstrichen ab und schreibe danach die mit der Endung -tion ergänzten Wörter auf!

AK|FUNKINFEKINJEKINSPEKKONSTRUKLEKPRODUKPROJEKREAKREDUK

Aktion, ____________________

____

Ü 84

Leite von den vorliegenden Adjektiven auf -isch Nomen mit der Endung -ik ab! Schreibe die Lösungen in dein Übungsheft!

Beispiel: elektronisch – Elektronik

panisch – technisch – akustisch – statisch – akrobatisch – musikalisch – elektrisch – mechanisch – politisch – dynamisch – grafisch – gymnastisch – charakteristisch – automatisch

Ü 85

Schreibe die Fremdwörter, die sich reimen, untereinander in deinem Übungsheft auf! Es sind zweimal vier und zweimal zwei.

Trafik – Reaktor – Konflikt – Doktor – direkt – Fabrik – Direktor – Insekt – Relikt – Konfekt – Traktor – Respekt

Ü 86

Setze die angeführten Fremdwörter mit k richtig in die Satzlücken ein!

Artikel – Apotheke – Bakterien – Bibliothek – Kontakt – Mikroskop – Plakat – Risiko – Schokolade – Sekunden – Tabak

1. Wir suchten in der Schul__________ nach einem ganz bestimmten __________ in einer medizinischen Fachzeitschrift.
2. Um welche __________ es sich handelte, konnten die Wissenschaftler erst unter dem Elektronen__________ feststellen.
3. Dass regelmäßiger __________konsum ein beträchtliches gesundheitliches __________ in sich birgt, darauf weist ein __________ in der __________ hin.

4. Im Osternest steckt ein riesiger ______ hase.
5. Wir hatten nur wenige ______ telefonischen ______, dann war plötzlich die Leitung tot.

Fremdwörter mit kk und zz

Ü 87

Setze die Fremdwörter mit kk richtig in die Lücken ein!

akklimatisieren (sich anpassen, eingewöhnen) – Akkord (Entlohnung nach der Menge des Geleisteten) – Akkordeon (Ziehharmonika) – Akku (Stromspeicher) – Akkusativ (4. Fall) – Makkaroni (röhrenförmige Nudeln) – Mokka (starker schwarzer Bohnenkaffee) – Sakko (Herrenrock) – sekkieren (belästigen)

1. Mein Vater stand vor dem Spiegel und überlegte, ob er das dunkelblaue oder das braune ______ anziehen sollte.
2. Meine Kusine Miriam spielt hervorragend ______.
3. Er trank im Stehen seinen ______ und las dabei in der Zeitung.
4. In vielen Fabriken wird im ______ gearbeitet.
5. Die ersten beiden Urlaubstage nutzten wir, ums uns zu ______.
6. „Hör doch endlich auf, mich ständig zu ______!", rief Monika erbost.
7. Der ______ salat meines Vaters schmeckte hervorragend.
8. Immer wieder verwechselt der Schüler den Dativ mit dem ______.
9. Der ______ ist leer, wir müssen ihn wieder aufladen.

Ü 88

Ordne die Fremdwörter mit zz den richtigen Bedeutungserklärungen zu!

Blizzard – Intermezzo – Lipizzaner – Muezzin – Pizza – Polizze – Puzzle – Razzia – Skizze

1. eine italienische Speise ______
2. ein Legespiel ______
3. eine flüchtige Zeichnung ______
4. eine Versicherungsurkunde ______
5. islamischer Gebetsrufer ______
6. ein Schneesturm in Nordamerika ______
7. eine Pferderasse ______
8. ein Zwischenspiel, -fall ______
9. überraschender Streifzug der Polizei ______

Großer Schlusstest

Ü 89

Setze z und tz, k und ck richtig in die Lücken ein!

Von welcher Pflan__e kommt der Ka__ao?
Gan__ einfach: Von der Ka__aopflan__e!
Das ist ein Baum, der nur im tropischen Regenwald wächst. Da er nicht sehr hoch wird und viel Schatten braucht, baut man ihn im Unterwuchs großer Urwaldbäume an. Seine großen, gur__enartigen Früchte trägt der Ka__ao nicht an den Zweigen, sondern dire__t am Stamm oder an den di__en Ästen. Sie haben eine harte, gerippte Schale, die anfangs grün ist, bei der Reife dann aber strahlend gelb wird. In deren Innerem befinden sich die Kerne, die so genannten Ka__aobohnen. Sie liegen in einer watteartigen Substan__, die nach Zitrone schme__t und vor allem von den Kindern gerne genascht wird.
Es ist ein kompli__ierter und langwieriger Vorgang, bis aus den Ka__aobohnen schließlich das Ka__aopulver wird, aus dem man Ka__ao und Scho__olade erzeugt. Dabei entsteht auch ein wertvolles und schma__haftes Fett, die Ka__aobutter, die ebenfalls verarbeitet wird. Ka__ao wurde schon von den alten A__te__en vor allem als Trin__scho__olade verwendet. Nach der Entde__ung Ameri__as wurde er auch nach Europa importiert. Er ist eine sehr empfindliche Pflan__e, die leicht von Pil__kran__heiten befallen wird. Ist das der Fall, wird die Ernte sehr schlecht, und man muss die wenigen geernteten Früchte viel teurer verkaufen. Und wir mer__en das auch: Dann werden nämlich Ka__ao und Scho__olade teurer.
(Nach: Reinhold Gayl, Renate Maderbacher: 100 Kinderfragen zur Natur. Frage 8. G&G Verlag, Wien 2007)

Ü 90

Ergänze in der folgenden Fabel die fehlenden Konsonanten!

Die A__en und das Glühwü__mchen
Eine Schar A__en lebte zufrieden nach ihrer Art in einem Wa__d, wo sie Früchte und Nü__e sa__elten und e__bare Wur__eln ausgruben. Tag für Tag ruhten sie sich viele Stu__den im wa__men So__enschein aus. Eines Nachts aber wurde es bi__erkalt, ein eisiger Wind blies. Die A__en drängten sich zi__ernd und frie__end aneinander und ja__erten vor sich hin. Ein junger A__e, der sich für klüger als die anderen hie__t, erbli__te in einem nahen Gebüsch einen leuchtenden Pun__t und lie__ neugierig hin. Es war ein Glühwü__mchen, der junge A__e meinte freilich, es sei ein Fun__e, der zum Feuermachen tauge. Er schü__elte das Glühwü__mchen zu Boden und legte wel__es Laub darauf.
Die anderen A__en ka__en pla__ernd und schwa__end herangehüp__t und wo__ten wi__en, was los war. „Ich fache ein Feuer an“, erklärte das kluge Ä__chen. „Was für ein guter Einfa__“, sagten die A__en, „da wird uns gleich nicht mehr so ka__t sein.“ „He, ihr A__en“, rief ein Vogel, der oben in einem Baum saß, „das ist ein Leuchtkäfer und keine Fla__e!“ Die A__en achteten nicht darauf, scha__ten Laub zusa__en und war__en es auf das bedauernswerte Glühwü__mchen. Das kluge Ä__chen kauerte sich nieder und wo__te die Glu__anblasen. Die anderen A__en hie__ten die Pfoten an den Laubhaufen, als strahle er schon Wärme aus.
Das war zu viel für den Vogel. Er kam herabgefla__ert und rief: „Hört mir doch endlich zu! Hab ich euch nicht gesagt, dass es keine Fla__e ist? Es ist nur ein phosphoreszierendes Inse__t! Aus einem leuchtenden Käfer wird nie ein Feuer.“
„Dieser Vogel ist zu lästig!“, kreischten da die A__en. „Wer hat ihn um Rat gefragt? Warum mischt er sich ein? Was wir tun, geht ihn nichts an.“ Sie hoben Steine auf und verjagten den Vogel. Nachher ho__ten sie rund um den Laubhaufen, aber warm wurde ihnen nicht. Das kluge Ä__chen mochte noch so blasen, kein Fun__e entfachte das Laub, keine Fla__e züngelte hoch und die A__en fro__en wie zuvor.
(Aus: Recheis, Käthe: Fabeln aus aller Welt. G&G Verlag, Wien 2007. S. 36 f)

Kompetenz-Check

Das kann ich jetzt!

Kreuze an, was zutrifft! Falls du dich bei dem einen oder anderen Punkt noch nicht sicher fühlst, blättere nochmals zurück und wiederhole diesen Abschnitt!

Ich kann ...	Falls ich noch unsicher bin, kann ich hier nachschlagen:
☐ ... entscheiden, wann Doppelkonsonanten (ff, ll, mm, nn, pp, rr, tt, bb, dd, gg, ck, tz) geschrieben werden müssen.	S. 60–61
☐ ... wichtige Fremdwörter mit Doppelkonsonanten richtig schreiben.	S. 62
☐ ... die Regeln der Schreibung von „ck" und „k" richtig anwenden.	S. 63
☐ ... die Regeln der Schreibung von „tz" und „z" richtig anwenden.	S. 63
☐ ... wichtige Fremdwörter mit „k" richtig schreiben.	S. 64–65
☐ ... wichtige Fremdwörter mit „kk" und „zz" richtig schreiben.	S. 65

s-Schreibung

ss steht nur **nach kurz gesprochenem Vokal** (Selbstlaut).
Beispiele: die Ga**ss**e, fre**ss**en, grä**ss**lich

ß steht nur **nach lang gesprochenem Vokal** (Selbstlaut).
Als langer Vokal gelten auch Zwielaute (ei, au, äu ...)
Beispiele: der Flei**ß**, die So**ß**e, beschlie**ß**en, hei**ß**

s kann sowohl nach einem kurz als auch nach einem lang gesprochenen Vokal (Selbstlaut) stehen.
Es wird im Gegensatz zu ss und ß stimmhaft (weich) gesprochen.
Beispiele: die Mau**s**, sau**s**en, lei**s**e

- Wird ein Verb im **Infinitiv** (Nennform) mit **s** geschrieben, behält es das **s in allen Zeitformen**.
  Auch alle Ableitungen (Wortfamilie!) werden mit **s** geschrieben.
  Beispiel: wei**s**en – wie**s** – gewie**s**en
  (Daher auch: die Wei**s**ung – Wortfamilie/Stammschreibung beachten!)
- Kommt ein **s-Laut vor einem t**, wird meistens **st** geschrieben.
  Beispiel: der Klei**st**er, begei**st**ern
  Ausnahmen: sst kommt in Verben vor, die im Infinitiv ss aufweisen (fressen, du frisst).
  ßt kommt in Verben vor, die im Infinitiv ß aufweisen (gießen, du gießt).

Der s-Laut in Nomen und Verben

Ü 91

Leite von den angeführten Verben Nomen mit der Vorsilbe Ge- ab!

fassen	das Gefäß	hausen	
wachsen		schießen	
sitzen		blasen	
tosen		rasseln	
flüstern		säuseln	
winseln		wispern	

Mehrzahlbildung bei Nomen:

- Steht ein einfaches **s** am Wortende, so wird es im Plural meist nicht verändert.
  Beispiele: das Moo**s** – die Moo**s**e, das Abga**s** – die Abga**s**e
  Ausnahmen:
  - Aus der Nachsilbe **-nis** bei Nomen wird im Plural immer **-nisse**.
    Beispiel: das Vorkomm**nis** – die Vorkomm**nisse**
  - Nomen mit den Endungen **-as, -is, -os**, und -**us** bilden den Plural immer mit **ss**!
    Beispiel: der Bamb**us** – die Bamb**usse**
- Achte bei der Bildung der Mehrzahl auf die **Länge des Vokals vor dem s-Laut!**
  Beispiele: der Sto**ß** – die Stö**ß**e ⟶ Das o wird beide Male lang gesprochen.
  der Ri**ss** – die Ri**ss**e ⟶ Das i wird beide Male kurz gesprochen.

Ü 92

Stelle fest, von welchen der angeführten Verben sich Nomen mit der Nachsilbe -nis ableiten lassen! Achtung: Vier „Kuckuckseier" haben sich versteckt! Bilde auch die Mehrzahl! Schreibe die Lösungen in dein Übungsheft!

Beispiel: verzeichnen – das Verzeich**nis**, die Verzeich**nisse**

begraben, taufen, erleben, ereignen, verstehen, singen, erzeugen, geloben, verhalten, gedenken, laufen, gestehen, erlauben, hindern, gründen, bedürfen, vermachen

Ü 93

Bilde von den angeführten Nomen die Mehrzahl! Markiere den s-Laut!

das Gra**s**	die Grä**s**er	der Kürbis	
der Gruß		der Beschluss	
der Spaß/Spass		der Globus	
der Iltis		das Glas	
das Fass		der Autobus	
der Krokus		der Fuß	
der Kreis		der Albatros	

Ü 94

Leite von den angeführten Verben Nomen mit der Nachsilbe -ung ab! Markiere den s-Laut!

verbe**ss**ern	die Verbe**ss**erung	weisen	
lösen		begrüßen	
fassen		schließen	
genesen		vorlesen	
umkreisen		erpressen	
bremsen		entgleisen	
entlassen		(sich) äußern	

In der gleichen Wortfamilie kann sich die **Schreibweise ändern**. Das hängt davon ab, wie der **Vokal vor dem s-Laut** gesprochen wird.

Beispiele:
hei**ß**en – hie**ß** – gehei**ß**en, die Verhei**ß**ung
⟶ Der **Vokal** vor dem s-Laut wird in allen Fällen lang gesprochen.

sprie**ß**en – spro**ss** – gespro**ss**en, der Sprö**ss**ling
⟶ Der **Vokal** wird nur in der Nennform lang gesprochen, in den übrigen Formen kurz.

me**ss**en – ma**ß** – geme**ss**en, die Me**ss**ung
⟶ Bei der zweiten Stammform wird der Vokal vor dem s-Laut lang gesprochen.

Ü 95

Übertrage die Tabelle in dein Übungsheft und bilde von den Verben aus Übung 94 die entsprechenden Personalformen!

1. Pers. EZ, Präsens	3. Pers. EZ, Präteritum	3. Pers. MZ, Perfekt
ich verbessere	sie verbesserte	sie haben verbessert

Ü 96

Leite von den angeführten Nomen Verben mit der Vorsilbe ver- ab! Markiere den s-Laut!

die Wüste	verwüsten	der Guss	
das Los		die Buße	
der Riss		der Schuss	
die Reise		der Anlass	
das Schloss		das Maß	
der Stoß		die Pest	
die Speise		die Größe	

Ü 97

Bilde von den Verben aus Übung 96 die Stammformen! Schreibe sie in dein Übungsheft!

Beispiel: verwü**st**en – verwü**st**ete – verwü**st**et

Der s-Laut in Adjektiven und anderen Wortarten

Ü 98

Bilde aus den angeführten Wörtern zusammengesetzte Adjektive! Achte auf den richtigen s-Laut!

Beispiel: Gra / grün – gra**s**grün

Geheimni / voll		Kri en / anfällig	
Spe en / frei		Gu / ei ern	
Gla / klar		Genu / süchtig	
Einflu / reich		Ga t / freundlich	
Fu / breit		Fau t / dick	
Beschlu / fähig		Wa er / lö lich	

Ü 99

Redensarten:
Setze die im Folgenden angeführten Adjektive richtig in die Sätze ein!
Ergänze den entsprechenden s-Laut!

wei? – hei? – gro?e – gün?tigen – ei?iges – flü?ig – lei?este – wä?rig

1. Die Sache steht unter einem Stern.
2. Als sie die Spinne entdeckt, läuft es ihr und kalt über den Rücken.
3. Zwischen den beiden Streitparteien herrschte Schweigen.
4. Sie versuchten ihm den Mund zu machen.

5. Von einem Moment auf den anderen wurde die junge Frau ____________ wie die Wand.
6. In diesem Moment stellte sich heraus, dass er nicht die ____________ Ahnung davon hatte, wie es weitergehen sollte.
7. Sie versprach, noch etwas Geld ____________ zumachen. (Zusammenschreibung!)
8. Im Familienrat wurde beschlossen, die Angelegenheit nicht an die ____________ Glocke zu hängen.

Ü 100

Ersetze die angeführten Umschreibungen durch ein Adjektiv mit der Nachsilbe -los! Ergänze auch die fehlenden s-Laute!

ohne Lu__t	lust**los**	ohne Gei__t	
ohne Intere__e		ohne Bewu__tsein	
ohne Tro__t		ohne Ma__	
ohne Gewi__en		ohne Gru__	
ohne Ko__ten		ohne Ergebni__	
ohne Ri__iko		ohne Au__sicht	

Ü 101

Ergänze die Tabelle! Achte auf den richtigen s-Laut!

Verb	Nomen	Adjektiv auf -ig/-lich
	der Genuss	genüsslich
hasten		
	die Süßigkeit	
beißen		
begünstigen		
	die Lösung	
	die Vergesslichkeit	
fließen		
	der Ruß/Russ	
	der Spaß/Spass	
hassen		
fressen		ge-
	der Verdruss	
	die Verbesserung	un-
anstoßen		
	der Riss	
frösteln		

Ü 102

Ergänze die in Klammer angeführten Wörter!
Achte auf den richtigen s-Laut!

1. Es wird __________ sein, wenn wir die Angelegenheit __________ unter vier Augen klären. (am be?ten, drau?en)
2. __________ hatten die zahlreichen Besucher auf den Auftritt des __________ beliebten Künstlers __________ der Eröffnung des neuen Stadtmuseums gewartet. Im letzten Moment hatte er nämlich abgesagt. (umson?t, allseit?, anlä?lich)
3. __________ sie __________ immer zu spät gekommen war, konnte sie nicht __________ erklären. (we?halb, bi?lang, schlü?ig)
4. Der Ball hatte sich bereits __________ der Outlinie befunden, __________ entschied der Linienrichter auf Einwurf der gegnerischen Mannschaft. (au?erhalb, de?halb)
5. __________ wurde das extrem baufällige Haus, __________ Besitzerin schon vor einigen Jahren gestorben war, abgerissen. (schlie?lich, de?en)
6. Bei der Abstimmung entschieden sich __________ __________ mehr Schülerinnen für als gegen die Sprachreise. (schlu?endlich, we?entlich)
7. Er hätte sich von den __________ seiner Kameraden eigentlich __________ mehr Unterstützung erwartet. (mei?ten, ein bi?chen)
8. Es ist __________, __________ Sport zu treiben. (zweckmä?ig, regelmä?ig)

s – ss – ß

Ü 103

Ähnlich klingende Wörter: Setze jeweils das richtige Wort ein!
Achtung: SS kann auch für ß stehen!

1. **MIST/MISST:**
   Achtet darauf, dass der __________ kübel jeden Tag geleert wird!
   Peter nimmt sein Lineal zur Hand und __________ die Seiten des Dreiecks noch einmal nach.
2. **FLIESSEN/FLIESEN:**
   Meiner Tante gefallen unsere neuen Badezimmer __________.
   Sowohl der Inn als auch die Traun und die Enns __________ in die Donau.
3. **LASS/LAS:**
   __________ ihn doch endlich in Ruhe arbeiten!
   Wie jeden Tag schlug sie die Zeitung auf und __________ als Erstes die Sportnachrichten.
4. **HEISSER/HEISER:**
   Die Meteorologen sagen voraus, dass es in den nächsten Tagen noch viel __________ werden soll.
   Emil war so __________, dass er keinen Ton hervorbrachte.
5. **WÜSTE/WÜSSTE:**
   Wenn ich nur __________, wohin die beiden gefahren sind!
   Die größte __________ der Erde ist die Sahara.

6. **BISS/BIS:**
Die Giftschlange ___ zu und verschwand blitzschnell im Unterholz.
Die Computerfirma hatte versprochen, ___ spätestens Donnerstag die neuen Rechner zu liefern.

7. **WEISSE/WEISE:**
Mein Bruder, von Opa gefragt, was er denn einmal werden möchte, antwortet: „Alt und ___!"
Alle Mitglieder unserer Mannschaft trugen ___ T-Shirts mit der Aufschrift „We are the champions".

8. **LIES/LIESS:**
Trotz des wirklich störenden Lärms ___ sich Edina nicht aus der Ruhe bringen.
Tim, bitte ___ deinen Aufsatz vor!

9. **GENIEST/GENIESST:**
Meine Mutter ___ es, ausgedehnte Spaziergänge im Wald zu unternehmen.
Du hast nun schon zum dritten Mal innerhalb kurzer Zeit ___. Bist du vielleicht gegen etwas allergisch?

10. **FLOSS/FLOSS:**
Um den See überqueren zu können, mussten sie zuerst gemeinsam ein ___ bauen.
Bis die Sache dann endlich erledigt war, ___ noch viel Wasser den Fluss hinunter.

11. **FASST/FAST:**
Unsere neue Regentonne ___ 300 Liter Wasser.
Beim Überqueren der Straße hätte das Kleinkind ___ ein herankommendes Auto übersehen.

12. **VERLIES/VERLIESS:**
Da Marlene ihre Freundin Silvia abholen wollte, ___ sie heute Morgen schon zehn Minuten früher das Haus.
Der Mann wurde zu mehreren anderen Gefangenen in ein düsteres ___ gesperrt.

Ü 104 **Setze s, ss und ß richtig in die Redewendungen und sprichwörtlichen Redensarten ein!**

1. Wo er hintritt, da wäch__t kein Gra__ mehr.
2. Man mu__ die Fe__te feiern, wie sie fallen.
3. Mü__iggang i__t aller La__ter Anfang.
4. Selb__terkenntni__ i__t der er__te Schritt zur Be__erung.
5. Gro__e Ereigni__e werfen ihren Schatten vorau__.
6. Alte Liebe ro__tet nicht.
7. Man mu__ da__ Ei__en schmieden, solange e__ hei__ i__t.
8. Er will sich immer nur die grö__ten Ro__inen aus dem Kuchen herau__picken.
9. Lange wird er nicht mehr auf dem hohen Ro__ sitzen.
10. Das kann doch nicht der Wei__heit letzter Schlu__ sein.
11. Ja, sie hat eine blütenwei__e We__te.

Der s-Laut in Fremdwörtern

Fremdwörter mit s und st

Ü 105

Leite von den angeführten Nomen Verben auf -ieren ab! Unterstreiche den s-Laut!

die Rasur	rasieren	die Disziplin	
die Frisur		die Analyse	
die Dimension		die Inszenierung	
die Position		der Respekt	
die Diagnose		die Prognose	

Ü 106

Ergänze in den angeführten Nomen mit st die fehlenden Selbstlaute (Vokale)! Schreibe sie mit dem Artikel auf!

Beispiele: FR STR T N = die Frustration
M NST R = das Monster

F N L ST		T ST M NT	
M N ST R		PL ST K	
PR T ST		P D ST	
K NTR ST		K MP ST	
RR ST		ST T ST K	

Ü 107

Ersetze in den angeführten Wendungen das als Beifügung gebrauchte Adjektiv bzw. Mittelwort durch eines der angegebenen Fremdwörter mit s! Schreibe die Wendung auf!

Beispiel:
eine fragwürdige Angelegenheit – eine **dubiose** Angelegenheit

brisant – explosiv – famos – impulsiv – intensiv – kurios – positiv – riskant

1. ein ausgezeichneter Gedanke
2. ein merkwürdiges/sonderbares Ergebnis
3. ein aktueller/heikler Fall
4. ein gefährliches Überholmanöver
5. ein anstrengendes Training
6. eine zustimmende Antwort
7. ein leicht explodierender Stoff
8. ein spontan handelnder Mensch

Fremdwörter mit ss

Ü 108 **Leite von den angeführten Verben Nomen mit ss ab! Schreibe sie mit dem Artikel auf!**

stressen	der Stress	prozessieren	
kassieren		adressieren	
interessieren		kommissionieren	
assistieren		dressieren	
diskutieren		massieren	

Ü 109 **Setze die Silben der sechs Fremdwörter mit ss wieder richtig zusammen und schreibe sie mit dem Artikel auf!**

1. Silbe	2. Silbe	
RES	LOSS	das R
FAIR	SORT	
FIT	NESS	
KOM	NESS	
KO	GRESS	
KON	PASS	

Ü 110 **Finde heraus, welche neun dreisilbigen Fremdwörter mit ss sich bilden lassen! Die erste und dritte Silbe stimmen jeweils, die passende zweite musst du finden! Schreibe die erhaltenen Wörter mit dem Artikel auf!**

1. Silbe	2. Silbe	3. Silbe	
KAS	RUS	TE	die K
KA	RAS	SELL	
PRO	MIS	SOR	
FAS	SET	DE	
TER	SA	SE	
KOM	GRES	SAR	
PAS	FES	GIER	
AG	PRO	SION	
KOM	SA	MISS	

Großer Schlusstest

Ü 111

Setze s, ss und ß richtig ein!

Sterben die Bienen wirklich nach dem Stich?

Ja, da__ pa__iert tatsächlich. Aber – und da__ mu__ man gleich dazusagen – nur, wenn sie einen Warmblüter stechen! Warmblüter sind Vögel und Säugetiere (und natürlich auch der Mensch), und die haben eine sehr zähe, ela__tische Haut, in der der Stachel der Biene stecken bleibt, weil er Widerhaken hat. Fliegt die Biene dann weg, rei__t sie sich den Stachel mitsamt der Giftdrü__e au__ dem Hinterleib. Da__ i__t für die Biene das Tode__urteil. Wa__ aber für uns noch schlimmer i__t: Die Mu__keln der Giftdrü__e können dann noch alleine weiterpumpen und dem Opfer da__ Gift in die Haut spritzen.

Warum stechen die dummen Bienen dann? Ganz einfach: E__ i__t ihre einzige Art, sich zu verteidigen. Und in den mei__ten Fällen geht e__ ja auch gut, nämlich dann, wenn sie ein In__ekt stechen, da__ sie fre__en will: eine We__pe, eine Horni__e, eine Gotte__anbeterin, eine andere Biene. In deren Haut bleibt der Stachel nicht hängen.

Übrigen__: We__pen und Horni__en sterben nicht nach dem Stich. Ihr Stachel hat keine Widerhaken und geht daher folgenlo__ wieder au__ der Haut.

Für un__ sind Bienenstiche au__ einem anderen Grund intere__ant: Wie giftig sind sie wirklich, wa__ tut man dagegen? Leider kann man auch gestochen werden, wenn man z. B. barfu__ auf eine Biene im Gra__ tritt. Für Menschen, die nicht gegen Bienengift allergisch sind, i__t e__ eine zwar schmerzhafte, aber ungefährliche Geschichte. Wichtig i__t nur, da__ der Stachel rasch entfernt wird, bevor er grö__ere Mengen von dem Gift hineinpumpt. Und da i__t e__ wichtig, nicht einfach den Stachel zwischen den Fingern zu packen – son__t pre__t man ja die Giftdrü__e zusammen und impft das Gift geradezu in die Haut. Darum soll man den Stachel mit einer Pinzette unterhalb der Giftdrü__e packen und ausrei__en. Dazu braucht man jedoch wohl ein Vergrö__erungsgla__ oder sehr gute Augen. Mittel gegen die Folgen von Bienenstichen gibt e__ in Apotheken einige, das einfach__te Hau__mittel i__t Zwiebelsaft au__ einer zerquetschten Küchenzwiebel.

(Nach: Reinhold Gayl, Renate Maderbacher: 100 Kinderfragen zur Natur. Frage 70. G&G Verlag, Wien 2007)

Ü 112

Schreibe die zusammengesetzten Nomen mit den richtigen s-Lauten auf!

der Ma__enprote__t	der Krei__durchme__er
die Wa__erschü__el	der Prei__nachla__
die Wei__wur__t	das Kü__tengewä__er
der Rei__epa__	das Gei__terschlo__
das Pre__ewe__en	der Ro__enstrau__
das Wai__enhau__	der Spei__ekürbi__
die Bewei__la__t	der Wie__enkroku__
die Se__ellei__te	das Schulschlu__fe__t
das Flie__wa__er	die Gewi__en__bi__e
der Gemü__espie__	die Rei__eko__ten

Kompetenz-Check

Das kann ich jetzt!

Kreuze an, was zutrifft! Falls du dich bei dem einen oder anderen Punkt noch nicht sicher fühlst, blättere nochmals zurück und wiederhole diesen Abschnitt!

	Ich kann ...	Falls ich noch unsicher bin, kann ich hier nachschlagen:
☐	... entscheiden, ob ein Selbstlaut lang oder kurz gesprochen wird, und so „ß“, „s“ und „ss“ richtig verwenden.	S. 68, 72–73
☐	... wichtige Nomen und Verben mit „s“, „ss“ und „ß“ richtig schreiben.	S. 68–70
☐	... wichtige Adjektive und andere Wörter mit „s“, „ss“ und „ß“ richtig schreiben.	S. 70–73
☐	... wichtige Fremdwörter mit „s“ und „st“ richtig schreiben.	S. 74
☐	... wichtige Fremdwörter mit „ss“ richtig schreiben.	S. 75

das und dass

Die Konjunktion (das Bindewort) „dass"

„dass" ist **ein Bindewort** (Konjunktion). Es leitet einen untergeordneten Satz ein.
Man kann weder „welches" noch „dieses" dafür einsetzen. Es gibt kein Ersatzwort.

Beispiel:
Die Ärztin informiert uns, **dass** unser Großvater bereits wieder auf dem Weg der Besserung sei.

Ü 113

Forme die angeführten Hauptsätze in Satzgefüge mit einem „dass"-Satz um!
Verwende dazu jeweils das in Klammer angeführte Verb!
Achtung: Konjunktiv verwenden! Halte dich an das Beispiel! Schreibe in dein Übungsheft!

Beispiel:
Unser Nachbar wird nächstes Jahr nach Australien auswandern. (erzählen)
Unser Nachbar erzählt uns, **dass** er nächstes Jahr nach Australien auswandern werde.

1. Annika kann die neue Schülerin in ihrer Klasse nicht leiden. (behaupten)
   Annika behauptet, ...
2. Thomas ist stolz auf seine äußerst mutige Schwester. (verkünden)
3. Doris hat diese Mathematikschularbeit als nicht allzu schwierig empfunden. (sagen)
4. Meine Mutter weiß Bescheid über den gestrigen Vorfall. (berichten)
5. Tante Elisabeth hat sich in dieser Angelegenheit sehr ungeschickt verhalten. (zugeben)
6. Der beste Freund meines Vaters ernährt sich sehr gesund. (meinen)
7. Unsere Großmutter wird uns nächste Woche besuchen kommen. (schreiben)
8. Bernds Freundin wird dieses Mal sicher nicht zu spät kommen. (versprechen)

Ü 114

Forme den unterstrichenen Teilsatz in einen „dass"-Satz um!
Schreibe die Lösungssätze in dein Übungsheft! Achte auf die Verwendung des Konjunktivs!

Beispiel:
Mein Vater rät mir, <u>ich solle mir mein Taschengeld durch Rasenmähen und andere kleine Tätigkeiten aufbessern</u>.
Mein Vater rät mir, <u>**dass** ich mir mein Taschengeld durch Rasenmähen und andere kleine Tätigkeiten aufbessern solle</u>.

1. Maximilian ist der Meinung, <u>der Klassenvorstand habe ihn heute im Unterricht ungerecht behandelt</u>.
2. Ich teile mit ihm die Ansicht, <u>Umweltschutz gehe jeden von uns etwas an</u>.
3. Barbara glaubt, <u>sie müsse das Geografiereferat erst nächste Woche halten</u>.
4. Silvias Freundin behauptet, <u>sie sei nicht in den Streit verwickelt gewesen</u>.
5. Mein Bruder berichtet mir, <u>der Film, den er sich im Kino angesehen habe, sei langweilig gewesen</u>.
6. Mein Großvater beklagt des Öfteren, <u>keiner seiner Verwandten nehme sich wirklich Zeit für ihn</u>.
7. Die Ministerin gab bekannt, <u>sie werde sich vor der nächsten Wahl aus der Politik zurückziehen</u>.
8. Der Wissenschaftler wies in seinem Vortrag darauf hin, <u>die Anzeichen für eine fortschreitende Klimaveränderung seien nicht mehr zu leugnen</u>.

Die Konjunktion **„dass"** kann auch mit einem zweiten Bindewort verbunden sein.

Beispiele: ohne dass, kaum dass, statt dass, anstatt dass, sodass (auch so dass), bis dass, auf dass

Ü 115

Ergänze in den folgenden Sätzen die im vorhergehenden Merksatz angeführten fehlenden Verbindungen mit „dass"!

1. Wir sollten so lange warten, ______________ er uns rufen würde.
2. ______________ sich die Sportlerin über die errungene Silbermedaille freute, ärgerte sie sich maßlos über den verpassten Sieg.
3. Melanie gab einfach die Antwort, ______________ sie jemand dazu aufgefordert hatte.
4. „______________ es dir in der neuen Heimat gut ergehen möge", sprach er und hob sein Glas, um mit ihm anzustoßen.
5. Die Moderatorin sprach mit lauter Stimme, ______________ sie auch die Zuhörer in der letzten Reihe gut verstehen konnten.
6. Die Aufführung begann, ______________ die Türen geschlossen worden waren.
7. ______________ er aus seinem Fehler gelernt hatte, machte er ihn gleich ein zweites Mal.

das

Das Wort **„das"** kann drei Funktionen erfüllen:

1. Es kann **ein Artikel** sein.
   Beispiele: **das** Auto, **das** Lenkrad
2. Es kann ein **bezügliches Fürwort** (Relativpronomen) sein.
   Als solches ist es durch **welches** ersetzbar. Es steht immer nach einem Beistrich und leitet einen Beifügesatz (Attributsatz) ein. Handelt es sich um einen in den Hauptsatz eingeschobenen Beifügesatz, müssen zwei Beistriche gesetzt werden.
   Beispiele:
   Moritz kauft sich <u>das Jugendbuch</u>, **das (welches)** ihm sein Lehrer empfohlen hat.
   <u>Das Computerspiel</u>, **das (welches)** ich mir von Dominik ausgeborgt habe, gefällt auch meinem Vater.
3. Es kann ein **hinweisendes Fürwort** (Demonstrativpronomen) sein.
   Als solches ist es durch **dieses, dies** oder **es** ersetzbar.
   Beispiel:
   He, **das (dies)** ist mein Ball! Gebt ihn mir bitte wieder zurück!

„das" als Relativpronomen (bezügliches Fürwort)

Ü 116

Forme die unterstrichenen Attribute (Beifügungen), die das folgende Nomen näher bestimmen, in Attributsätze mit dem bezüglichen Fürwort „das" als Einleitewort um! Gib das Ersatzwort „welches" in Klammer an! Schreibe die Lösungen in dein Übungsheft!

Beispiel:
Das wegen eines schweren Regengusses für 20 Minuten unterbrochene Tennisfinale wurde schließlich bei Sonnenschein fortgesetzt.
Das Tennisfinale, **das (welches)** wegen eines schweren Regengusses für 20 Minuten unterbrochen worden war, wurde schließlich bei Sonnenschein fortgesetzt.

1. Wem von euch gehört das auf dem Lehrertisch liegende Handy?
2. In unserem Wohnzimmer hängt ein einst von meinem Urgroßvater gemaltes Bild.
3. Nach kurzem Überlegen entscheiden wir uns für das direkt am Meer gelegene Hotel.
4. Das seit mehreren Jahren leer stehende Gebäude soll nun renoviert und danach verkauft werden.
5. Das heuer bereits zum fünften Mal stattfindende Schulfest ist wieder sehr gut besucht.
6. An diesem heißen Augustsonntag wird das vor kurzem eröffnete Schwimmbad regelrecht von den Menschen gestürmt.
7. Leider gibt es für das in zwei Wochen über die Bühne gehende Popkonzert keine Karten mehr.
8. Das täglich im Vorabendprogramm ausgestrahlte TV-Jugendmagazin soll demnächst einen neuen Sendeplatz bekommen.
9. Das von vielen jungen Leserinnen und Lesern mit Spannung erwartete neue Buch der bekannten Schriftstellerin soll nächste Woche in die Buchhandlungen kommen.
10. Das seit Tagen auf dem Parkplatz abgestellte Auto hat keine Nummerntafeln mehr.

„das" als Demonstrativpronomen (hinweisendes Fürwort)

Ü 117

Stelle in den angeführten Satzgefügen den Gliedsatz (GS) voran und ergänze im nachfolgenden Hauptsatz (HS) das hinweisende Fürwort „das"! Setze das Ersatzwort in Klammer! Achte auf die Beistrichsetzung!

Beispiel:

HS | GS

In der Zeitung konnte man lesen, dass der Mann zu zwei Jahren Gefängnis verurteilt worden war.

GS | HS

Dass der Mann zu zwei Jahren Gefängnis verurteilt worden war, **das (dies)** konnte man in der Zeitung lesen.

1. Der Lehrer musste zugeben, dass sich die Schülerin wirklich redlich bemüht hatte.
   Dass ______________________________
2. Ich weiß noch nicht, wem ich bei der Klassensprecherwahl meine Stimme geben werde.
   Wem ______________________________
3. Barbara wird erst morgen erfahren, ob sie die Aufnahmsprüfung bestanden hat.
   Ob ______________________________

4. Bis jetzt hat die Jury noch nicht bekannt gegeben, wer den Musikwettbewerb gewonnen hat.
   Wer ______________________________
5. Im Supermarkt beobachtet Fiona, wie ein Junge in ihrem Alter mehrere Schokoladeriegel in seinem Rucksack verschwinden lässt.
   Wie ______________________________
6. Keiner seiner Freunde kann sich erklären, weshalb er sich zu dieser Tat nur hat hinreißen lassen.
   Weshalb ______________________________
7. Michael konnte klar begründen, warum er sich für die Winter- und gegen die Sommersportwoche entschieden hatte.
   Warum ______________________________
8. Vor wenigen Minuten hat der Teamchef den Medien mitgeteilt, welche elf Spieler das Qualifikationsspiel für die Fußball-WM bestreiten werden.
   Welche ______________________________

das und dass

Ü 118

Setze „das" und „dass" richtig in die Sätze ein!
Gib danach durch die richtige Zahl in Klammer an, um welche Wortart es sich handelt!

(1) Bindewort (Konjunktion)
(2) Artikel
(3) bezügliches Fürwort (Relativpronomen)
(4) hinweisendes Fürwort (Demonstrativpronomen)

1. „______ (   ) darf doch nicht wahr sein!", schimpft Onkel Hugo, als er feststellt, ______ (   ) im vorderen Fahrradreifen schon wieder keine Luft ist.
2. ______ (   ) Skelett, ______ (   ) aus Knochen und Knorpeln aufgebaut ist, bildet ______ (   ) Gerüst des Körpers.
3. ______ (   ) Annas Vorgangsweise nicht in Ordnung gewesen ist, ______ (   ) hat sie mittlerweile begriffen.
4. Dem Geschäftsinhaber ist ______ (   ) finanzielle Risiko, ______ (   ) mit dem Kauf dieser Filiale verbunden ist, zu hoch.
5. ______ (   ) wichtigste Transportmittel im Körper ist ______ (   ) Blut. Es trägt aber auch dazu bei, ______ (   ) Krankheitserreger abgewehrt werden.
6. ______ (   ) Peter auf die Englischschularbeit sicher eine positive Note bekommen wird, ______ (   ) traut er sich schon kurz nach der Abgabe seines Heftes zu sagen.
7. Wenn ______ (   ) so ist, ______ (   ) ______ (   ) Buch verloren gegangen ist, so musst du es leider ersetzen. ______ (   ) sind die Spielregeln.
8. ______ (   ) Pia dem alten Mann nach seinem Sturz wieder auf die Beine geholfen hatte, ______ (   ) rechnete er ihr hoch an.
9. In diesen Minuten wird ______ (   ) Endergebnis der Wahl, ______ (   ) so gar nicht den Erwartungen des Parteichefs entspricht, im Fernsehen bekannt gegeben.
10. Nur Monika war bis zum Schluss davon überzeugt gewesen, ______ (   ) sie ______ (   ) Match noch gewinnen konnten. Durch ihre Anfeuerungsrufe hatte sie ______ (   ) immer wieder bewiesen.

Großer Schlusstest

Ü 119

Setze „das" und „dass" richtig ein!
Als Zusatzaufgabe: Bestimme die Wortarten, indem du die richtige Ziffer hinter das eingesetzte Wort in Klammer setzt!

(1) Bindewort (Konjunktion)
(2) Artikel
(3) bezügliches Fürwort (Relativpronomen)
(4) hinweisendes Fürwort (Demonstrativpronomen)

Hat _____ (___) Kamel in seinem Höcker wirklich Wasser?

Natürlich nicht! Wäre der Höcker des Kamels ein Wassertank, dann hätte es ihn in zwei Tagen leer getrunken. Er besteht aus etwas, _____ (___) man viel besser verwenden kann, und zwar für sehr viele Zwecke.
Er besteht aus Fett. Nun ist Fett etwas, _____ (___) vor allem als Nahrung dient. Jeder weiß, _____ (___) man abmagert, wenn man tagelang nichts zu essen bekommt, _____ (___) der Körper also _____ (___) Fett aufzehrt. Kamele können ihr Fett auch so umwandeln, _____ (___) Wasser daraus wird. Dann werden aber aus einem Kilo Fett mehrere Liter Wasser, so _____ (___) der Höcker ziemlich lange vorhält. Außerdem aber ist _____ (___) Kamel ausgesprochen genügsam. Keiner von uns könnte mit dem Wasser, in _____ (___) sich der Fetthöcker langsam umwandelt, so lange dursten. Dafür können wir auch nicht auf einen Sitz wirklich viel trinken, ohne _____ (___) uns schlecht wird. Ein durstiges Kamel trinkt in einem Zug bis zu 100 Liter Wasser, _____ (___) sind 100 Flaschen Mineralwasser! Allerdings: Umgekehrt geht es nicht. Das Kamel kann nicht durch Wassertrinken seinen Höcker wieder füllen. _____ (___) geht nur durch Fressen. Nach einer tagelangen Wanderung durch die Wüste kommen die Kamele mit schlaff herabhängenden Höckern an und müssen ein paar Tage grasen, _____ (___) sie sich wieder mit Fett für die nächste Reise füllen.
Der Höcker aus Fett hat allerdings noch den Nebenzweck, _____ (___) er den Rücken des Tieres vor der starken, senkrechten Sonneneinstrahlung schützt. Fett wirkt nämlich wie ein Schaumstoff, man spricht auch von Wärme-Isolation. Und noch etwas gilt es zu erwähnen: Die Kamelart, die in der Sahara lebt, hat nur einen Höcker; es ist _____ (___) Dromedar. Die Kamelart aus Asien, aus der Wüste Gobi, hat zwei Höcker und heißt Trampeltier. Kamele sind sie aber beide.

(Nach: Reinhold Gayl, Renate Maderbacher: 100 Kinderfragen zur Natur. Frage 25. G&G Verlag, Wien 2007.)

Kompetenz-Check

Das kann ich jetzt!

Kreuze an, was zutrifft! Falls du dich bei dem einen oder anderen Punkt noch nicht sicher fühlst, blättere nochmals zurück und wiederhole diesen Abschnitt!

	Ich kann ...	Falls ich noch unsicher bin, kann ich hier nachschlagen:
☐	... mithilfe der Ersatzprobe entscheiden, ob „das" oder „dass" geschrieben werden muss.	S. 81
☐	... bei „das" zwischen Artikel, bezüglichem und hinweisendem Fürwort unterscheiden.	S. 79, 81
☐	... „dass" als Bindewort erkennen und weiß, dass es kein Ersatzwort dafür gibt.	S. 78–79, 81
☐	... mit „dass" einen untergeordneten Satz einleiten.	S. 78
☐	... mit „das" einen Attributsatz einleiten.	S. 80–81

Dehnung

Die Vokale (Selbstlaute) **a, e, i, o, u** können **lang oder kurz gesprochen** werden.

- Doppelvokale (aa, ee, oo),
- Dehnungs-h,
- langes i

zeigen an, dass ein Vokal lang gesprochen wird.

Es gibt aber auch zahlreiche Wörter mit lang gesprochenem Vokal ohne besonderes Dehnungszeichen (z. B. hören, die Störung).

Zwielaute **(ei, ai, eu, äu, au)** werden gedehnt gesprochen (z. B. Kreis, laufen).

Ü 120

Sprich den in den angeführten Wörtern markierten kurz gesprochenen Vokal lang! Schreibe die entstandenen Wörter geordnet in der Tabelle auf!

Beispiel: Stall – Stahl, er stahl

Lamm – Mitte – Wall (2) – Bett – Risse – Schall – still (2) – stellen – wann – Schatten – kann – zerren – Hölle – Schiff – schlaff – Rosse – Lippe – bitten – Herr – Bann – Latte – Ratte – retten – Rassen – Betten – füllen – rammen – satt – Ass – alle (2) – starr – (er) beharrt – statt

(2) = Hinweis auf 2 Lösungesmöglichkeiten

mit Doppelvokal	mit Dehnungs-h	mit langem i (ie)	ohne Dehnungszeichen

Wörter mit Doppelvokal: aa, ee, oo

Ü 121

Grenze in der Wortschlange die Nomen mit ee ab! Schreibe sie mit dem Artikel auf! Achte auf die Großschreibung!

beetbeerefeeheerideekaffeekleeleerelorbeermeerschneeseeseeleteeteer

Ü 122 **Ordne die angeführten Fremdwörter mit ee den Bedeutungserklärungen richtig zu!**

Allee – Armee – Dekolletee (auch: Dekolleté) – Galeere – Gelee – Karree – Komitee – Meeting – Moschee – Orchidee – Porree – Portmonee (auch: Portemonnaie) – Püree – Reederei – Teenager – Tournee – Varietee (auch: Varieté)

Schifffahrtsunternehmen: __________
islamisches Gotteshaus: __________
Rundreise, Gastspielreise: __________
Kleidausschnitt: __________
Arbeitsausschuss: __________
großes Ruderschiff: __________
Gemüse, Lauch: __________
Mädchen oder Bursche im Alter von 13 bis 19 Jahren: __________
Theater mit wechselndem Programm: __________
Straße, die zu beiden Seiten von Bäumen begrenzt ist: __________
exotische Blume: __________
Brei: __________
Geldbörse: __________
Heer: __________
eingedickter Fruchtsaft: __________
Fleischstück von der Rippe: __________
Wettkampf, Treffen: __________

Ü 123 **Nomen mit aa und oo:**
In den angeführten zusammengesetzten Nomen fehlen jeweils die Bestandteile mit Doppelvokal. Ergänze sie, indem du richtig aus den angeführten Wörtern mit aa und oo auswählst! Verwende jedes Wort nur einmal!

Aal – Aas – Boot – Haar – Moor – Moos – Paar – Saal – Saat – Shampoo – Staat – Waage – Zoo – Zoom

_____ packung	_____ fresser	_____ besucher
_____ fang	Ehe _____	Ruder _____
_____ objektiv	_____ ausfall	_____ sbürger
_____ polster	Schuppen _____	Turn _____
_____ getreide	Küchen _____	

Bildet das Nomen mit aa die Mehrzahl bzw. Verkleinerungsform mit ä, so erfolgt keine Vokalverdoppelung!
Also:
der Saal – die Säle, das Paar – das Pärchen, das Haar – das Härchen

Wörter mit h und Wörter ohne Dehnungszeichen

Weist der Infinitiv eines Verbs kein h auf, so findet sich auch in allen anderen Verbformen kein h!

Beispiel:
geb**ä**ren – geb**a**r – geb**o**ren

Ü 124

Bilde von den angeführten Verben jeweils die Stammformen!
Schreibe sie in dein Übungsheft!

Beispiel: befe**h**len – befa**h**l – befo**h**len

bieten – bitten – erfrieren – erholen – erhören – gähnen – gären – kommen – leihen – lesen – scheren – schwören – verlieren – ziehen

Ü 125

Leite von den angeführten Wörtern mit h Verben ab!
Verwende dazu die in Klammer angegebenen Vorsilben! Achtung: Nur eine passt jeweils!

Beispiel: Bahn (ver-/an-) – anbahnen (*verbahnen* gibt es nicht)

Wahl (be-/ver-)		Bahre (an-/auf-)	
Ehe (ver-/ent-)		Ehre (ab-/ver-)	
Draht (ent-/ver-)		Kohle (auf-/ver-)	
kühl (be-/ver-)		Sohle (ent-/ver-)	
Lohn (ent-/ver-)		Hohn (auf-/ver-)	
mehr (be-/ver-)		Lehre (be-/an-)	
Zahl (ent-/be-)		Lehne (an-/ver-)	

Wörter, die mit **Sch/sch, Qu/qu und T/t** beginnen, **verzichten auf ein Dehnungs-h** im Wortinneren!

Beispiele:
Schaden, **qu**ietschen, **T**or

Ü 126

Gesucht sind Wörter mit lang gesprochenem Vokal, aber ohne Dehnungs-h!
Ersetze jeweils den ersten Buchstaben der angegebenen Wörter durch sch/Sch und schreibe die Wörter in die Lücken! Achte auf die Groß- und Kleinschreibung!

Beispiel: **F**öhn – bei **Schön**wetter

Bohnen – die Nerven ______	führen – das Feuer ______
wählen – einen Apfel ______	(sich) wehren – ein Schaf ______
kühler – ein guter ______ sein	Sohn – ______ fertig sein
lähmen – sich extrem ______	wahr – eine ______ Gänse
zahm – vor ______ rot werden	Zahl – einen ______ umbinden

Ü 127

Bilde zusammengesetzte Nomen und schreibe sie auf!
Der erste Bestandteil weist immer einen lang gesprochenen Vokal ohne Dehnungszeichen auf.

Schon-, Spül-, Tal-, Trüb-, Schwur-, Schnurlos-, Schmalspur-,
Schwanen-, Damen-, Trost-, Quer-, Quäl-

-geist, -station, -kaffee, -flöte, -maschine, -gesang, -preis, -seligkeit,
-gericht, -telefon, -fußball, -bahn

Das lange i

Ü 128

Leite von den angeführten Nomen Verben mit -ie- ab!
Schreibe sie im Infinitiv (Nennform) auf!

Beispiel: Flucht – fl**ie**hen

Guss – Bug – Angebot – Fluss – Lage – Verschub – Verdruss – Zug –
Schuss – Schluss – Flug – Genuss – Geruch – Spross – Verlust

Ü 129

Schreibe neben die angeführten Verben im Infinitiv jeweils die 3. Person Einzahl, Präteritum!

heißen	sie hieß	verraten	
schweigen		leihen	
vermeiden		preisen	
reiben		scheiden	
scheinen		steigen	
behalten		beweisen	
gedeihen		schreien	

Ü 130

Finde heraus, welche Nomen mit ie sich in den angeführten Verben und Adjektiven verstecken! Schreibe sie mit dem Artikel auf!

Beispiel: gierig – die Gier

wiegen	______	zielgenau	______
verzieren	______	stiefeln	______
siegreich	______	fiedeln	______
dienstfrei	______	befrieden	______
fieberhaft	______	vermieten	______

Der i-Laut in Fremdwörtern

In Fremdwörtern wird der **lang gesprochene i-Laut meist nicht gekennzeichnet**. Es steht also nur ein einfaches i.

Beispiele: das Klima, die Bibel, aber: das Paradies

Eine Ausnahme bilden **Nomen mit den Endungen -ie** und **-ier** sowie **Verben mit der Endung -ieren**. Dies gilt allerdings nicht für Vampir und Souvenir!

Beispiele: die Geometrie, die Chemie, die Epidemie

Ü 131

Finde heraus, welche Fremdwörter sich in den Wortschlangen verstecken! Löse sie auf und notiere die Wörter! Achte auf die Groß- und Kleinschreibung! Bei Wörtern auf -ine musst du zusätzlich die fehlende Endung ergänzen!

1. **Wörter mit der Endung -ine:**

BeduGardKantKusLawMandarMargarMaschPralRosRuSerpentViolVitr

-ine: ______

______

______

2. **Wörter mit der Endung -in:**

disziplinkaminmagazinterminurinvitamin

-in: ______

______

3. **Wörter mit der Endung -il:**
5 Nomen, 4 Adjektive

AGILAUTOMOBILGRAZILKROKODILREPTILSENILTAKTILUTENSILVENTIL

-il: ______________________________

____

____

Ü 132 **Leite von den angeführten Fremdwörtern Verben auf -ieren ab und schreibe sie auf!**

Beispiele: Diktat – dikt**ieren**, Alarm – alarm**ieren**

Charakter – ______________________________

Montage – ______________________________

Inhalation – ______________________________

Protest – ______________________________

Injektion – ______________________________

Kommunikation – ______________________________

Hypnose – ______________________________

Abonnement – ______________________________

Diskussion – ______________________________

Konkurrenz – ______________________________

Massage – ______________________________

Appell – ______________________________

Programm – ______________________________

Spekulation – ______________________________

Ü 133 **Füge die angeführten Fremdwörter mit der Endung -ie richtig in das Kreuzworträtsel ein! Die Angaben helfen dir dabei.**

Genie – Symmetrie – Therapie – Aristokratie – Harmonie – Sympathie – Sinfonie – Kompanie – Anatomie – Monarchie

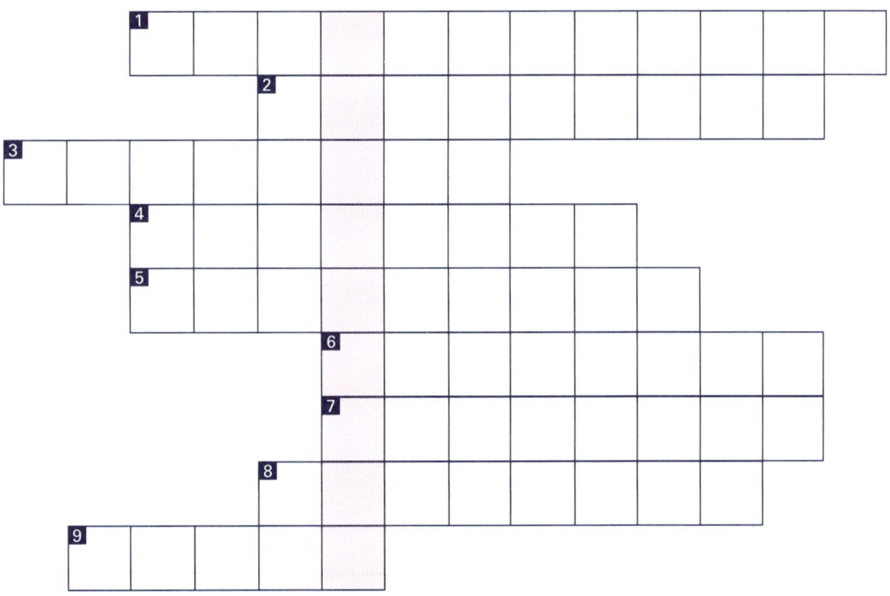

senkrecht (im markierten Feld):
Geneigtheit, Zuneigung

waagrecht:

1. Adel
2. spiegelbildliche Übereinstimmung
3. Lehre vom Körperbau der Lebewesen
4. militärische Abteilung
5. Staatsform
6. Heilbehandlung
7. Zusammenklang, Übereinstimmung
8. großes Musikwerk für Orchester
9. überragend begabter Mensch

Großer Schlusstest

Ü 134

In der folgenden Fabel sind mehrmals zwei Schreibungen angeboten. Streiche jeweils die falsche durch!

Der Rabe und der Fuchs

Ein Rabe hatte ein Stück Käse gefunden, saß/sahs oben in einem Baum und freute sich auf die gute Malzeit/Mahlzeit. Der Käseduft lockte einen Fuchs an, der in der Nähe herumgestrichen/herumgestriechen war/wahr. Er blieb unten am Baum stehen, schaute hinauf und rief: „Guten Morgen, verehrter Herr Rabe! Wie vornehm/vornem Ihr ausseht! Wie prächtig ist Euer schwarzes Gefider/Gefieder! Jetzt lasst mich bitte Eure Stimme hören/höhren. Sollte Euer Gesang an Schönheit dem Federkleid ebenbürtig/ebenbührtig sein, dann seid Ihr, man muss es gestehen, der König aller Vögel."
Der Rabe konnte sich vor Wonne kauhm/kaum fassen. „Wenn das so ist", dachte er, „will ich dem Fuchs sogleich etwas vorsingen/vohrsingen." Er riss den Schnabel auf – und das Käsestückchen fil/fiel zu Boden, noch bevohr/bevor er krah-krah krächzen konnte. „Vielen Dank, mein Lieber/Liber", rief der Fuchs und schnappte den Käse. „Jemandem zu schmeicheln lont/lohnt sich! Man lebt gut dabei und one/ohne eigene Mühe. Ist diese Leere/Lehre nicht das Stückchen Käse wert, verehrter Herr?" Der Fuchs lief davon und ließ sich die leichte Beute schmecken. „Der hat mich hereingelegt", dachte der Rabe betrübt. „Ein zweites Mahl/Mal geschiet/geschieht mir das nicht!"

(Aus: Recheis, Käthe: Fabeln aus aller Welt. G&G Verlag, Wien 2007. S. 22 f)

Ü 135

Doppelvokal, h, langes i oder Vokal ohne Dehnungszeichen – fülle die Lücken!

Der B ___ r am B ___ berdamm

Einm ___ l, an einem Tag im Fr ___ ling, k ___ m ein B ___ r zu einem B ___ bers ___ oben in den Bergen. Nach der Schn ___ schmelze w ___ ren die B ___ ber eifrig dabei, den Damm am S ___ ende auszubessern. S ___ fällten Bäume, schwammen mit Ästen und Zweigen und Pf ___ ten voller Erde zum Damm und stopften jedes Loch.
„D ___ werde ich jetzt ein b ___ sschen ärgern", sagte der B ___ r zu sich. „So etwas macht Sp ___ ß!"
Der B ___ r st ___ g auf den Damm, trampelte darauf herum, riss da einen Zweig heraus und knickte dort einen Ast. D ___ B ___ ber schwammen aufgeregt umher. „B ___ r! B ___ r!", r ___ fen sie. „Was tust du? Du zerst ___ rst unseren Damm!" „Na und", sagte der B ___ r. „Was ist da sch ___ n dabei?" „Wie kannst du n ___ r so r ___ den!", r ___ fen die B ___ ber. „Weißt du nicht, was gesch ___ t, wenn der Damm br ___ cht?" „Dann br ___ cht er eben", sagte der B ___ r und packte einen dicken Baumstamm, der aus dem Damm r ___ gte. „Lass das!", r ___ fen die B ___ ber. „Wenn du sch ___ n nicht an uns denkst, dann denk an dich selbst. Das Wasser wird dich den Berg h ___ nunterreißen."
„Vor ein b ___ sschen Wasser fürchtet sich unsereins nicht", w ___ dersprach der Bär, z ___ g und zerrte – und riss den Baumstamm aus dem Damm. Der Damm br ___ ch.
Einem Sturzbach gleich erfasste der Wasserschwall den B ___ ren und wirbelte i ___ n den Hang h ___ nunter. Er wurde gegen Felsblöcke geschleudert und fand n ___ rgends Halt. Endlich l ___ ß die Gewalt des Wassers nach. Der B ___ r bl ___ b ganz zerschlagen unten am Hang l ___ gen. Oben im halb ausgelaufenen S ___ w ___ ren die B ___ ber sch ___ n w ___ der dabei, den Damm auszubessern. Bis der B ___ r sich aber aufrappelte, d ___ erte es eine ganze W ___ le. I ___ m w ___ r, als sei keines seiner Gl ___ der heil gebl ___ ben. „Daran sind nur d ___ B ___ ber schuld!", jammerte er. „Warum haben s ___ i ___ ren Damm nicht fester gebaut?"
Der B ___ r hinkte grollend in die Berge. Am B ___ bers ___ l ___ ß er sich n ___ w ___ der blicken.

(Aus: Recheis, Käthe: Fabeln aus aller Welt. G&G Verlag, Wien 2007. S. 40 f.)

Kompetenz-Check

Das kann ich jetzt!

Kreuze an, was zutrifft! Falls du dich bei dem einen oder anderen Punkt noch nicht sicher fühlst, blättere nochmals zurück und wiederhole diesen Abschnitt!

Ich kann ...	Falls ich noch unsicher bin, kann ich hier nachschlagen:
☐ ... erkennen, wann Selbstlaute lang gesprochen werden.	S. 84
☐ ... die wichtigsten Wörter mit Doppelselbstlaut (aa, ee, oo) richtig schreiben.	S. 84–85
☐ ... wichtige Fremdwörter mit „ee" richtig schreiben.	S. 85
☐ ... wichtige Wörter mit „h" richtig schreiben.	S. 86–87
☐ ... wichtige Wörter mit langem Vokal, aber ohne Dehnungszeichen richtig schreiben.	S. 86–87
☐ ... wichtige Wörter mit langem „i" richtig schreiben.	S. 87–88
☐ ... wichtige Fremdwörter mit „ie" (-ieren, -ie, -ier) richtig schreiben.	S. 89
☐ ... wichtige Fremdwörter mit „i" (-ine, -in, -il) richtig schreiben.	S. 88

Die Schreibung von Fremdwörtern

Auch in anderen Kapiteln findest du zahlreiche Hinweise und Beispiele zur Schreibung von häufig gebrauchten Fremdwörtern.

Fremdwörter mit f, ph und v

In **Fremdwörtern** kann der **f-Laut** als **f, ph** oder **v** geschrieben werden. Man muss sich deren Schreibung einprägen. Eine gute Hilfe ist es, im Österreichischen Wörterbuch nachzuschlagen. Manchmal sind auch **zwei Schreibungen** erlaubt.

- Fremdwörter, welche die Bestandteile **phon, photo** oder **graph** aufweisen, können auch mit **f** geschrieben werden.
- Kommen in einem Wort **zwei f-Laute** vor, so sollte die **Schreibung gleich** sein.
  Beispiele: **ph**otogra**ph**ieren oder **f**otogra**f**ieren; nicht: photografieren oder fotographieren
  Merke:
  Bei den Wörtern Telefon, telefonieren und Foto(grafie), fotografieren hat sich die Schreibung mit f schon seit Längerem durchgesetzt.
- Folgende Wörter können ebenfalls mit **ph** oder **f** geschrieben werden:
  der Del**ph**in/der Del**f**in, die **Ph**antasie/die **F**antasie, **ph**antastisch/**f**antastisch

Ü 136

A Ergänze in den angeführten Fremdwörtern die fehlenden Bestandteile „phon“, „photo“ oder „graph“ und schreibe sie auf! Notiere auch die Variante mit f!

B Ordne danach den sieben Worterklärungen die richtigen Nummern der Fremdwörter zu!

A

1. das Mikro ______	7. die ______ synthese
2. die ______ etik	8. das Saxo ______
3. die ______ kopie	9. die Steno ______ ie
4. die Geo ______ ie	10. die Orto ______ ie
5. der Para ______	11. das Mega ______
6. das Xylo ______	12. der ______ kopierer

B

Worterklärungen:

___ Lautlehre	___ Kurzschrift
___ Schlaginstument	___ Rechtschreibung
___ Blasinstrument	ein biochemischer Vorgang
___ Schallverstärker/Sprachrohr	

Ü 137

Die in dieser Übung gesuchten Fremdwörter dürfen alle nur mit ph geschrieben werden! Ordne den Bedeutungsumschreibungen die richtigen Fremdwörter zu! Dazu musst du die angeführten Silben richtig zusammensetzen! Verwende jede Silbe nur einmal!

1. Silbe:
ALPHA – AS – APOS – ATMOS – KATAS – PHÄNO – PHAN – PHA – PHA – PHILO – PHRA – PRO – STRO – TRI – TRO – TY

2. Silbe:
BET – MEN – PHÄE – PHÄRE – PHALT – PHE – PHET – PHUS – RAO – SE – SE – SOPH – TOM – TROPH – TROPHE – UMPH

1. (bemerkenswerte) Erscheinung: ____________________
2. ABC: ____________________
3. Abschnitt eines Gedichtes, eines Liedes: ____________________
4. Abschnitt, Stufe einer Entwicklung: ____________________
5. altägyptischer König: ____________________
6. Auslassungszeichen: ____________________
7. Erdpech, als Straßenbelag verwendet: ____________________
8. Erforscher der Ursprünge des Denkens und Seins: ____________________
9. Gashülle eines Planeten: ____________________
10. Infektionskrankheit: ____________________
11. Redewendung: ____________________
12. schweres Unglück: ____________________
13. Sieg, Erfolg: ____________________
14. Siegeszeichen, Jagdbeutestück: ____________________
15. Trugbild, gespenstische Erscheinung: ____________________
16. Wahrsager, Seher: ____________________

In Fremdwörtern kann das **v wie f** (z. B. die Larve, die Konserve) und **v wie w** (z. B. die Violine, die Universität) gesprochen werden.

Ü 138

Überlege, ob das v wie f oder w gesprochen wird! Ordne die angeführten Wörter mit v richtig in solche, die mit f, und jene, die mit w gesprochen werden. Schreibe sie in dein Übungheft!

Vagabund, Vulkan, Virus, Detektiv, Zivilisation, Kurve, Revolution, primitiv, Service, privat, Vers, Festival, Ventil, Favorit, Motiv, Vakuum, Vene, Archiv, Vase, oval, Provinz, Video, Revier, produktiv, Advent, Pulver, Perspektive, Vandalismus, Nervosität, explosiv, Sklave, Villa, intensiv, Stativ

Ü 139

v oder f? Ergänze den richtigen Buchstaben!

das E _ angelium, die Initiati _ e, e _ angelisch, das Pro _ il, der Pro _ i, das Ku _ ert, der _ aschismus, das Re _ erat, das Kla _ ier, der Ka _ iar, der Trans _ er, re _ ormieren, passi _ , _ rontal, das _ inale, _ ital, die _ anille, der Akkusati _ , der _ aktor, die _ an _ are, indi _ iduell, _ rustrieren, _ ronleichnam, das _ isum, die La _ a

Fremdwörter mit th und y

Fremdwörter mit **th** und **y** stammen hauptsächlich aus dem Griechischen.

Ü 140

Leite von den angeführten Adjektiven mit th Nomen ab und schreibe sie auf!

Beispiel: katholisch – der Katholik

therapeutisch		methodisch	
theatralisch		orthopädisch	
asthmatisch		sympathisch	
theologisch		theoretisch	
athletisch		thematisch	

Nur bei folgenden beiden Fremdwörtern existieren zwei Schreibweisen:
der Pan**th**er/der Pan**t**er, der **Th**unfisch/der **T**unfisch

Ü 141

Setze die angeführten Fremdwörter mit th richtig in das Kreuzworträtsel ein! Die Bedeutungserklärungen helfen dir dabei.

Apotheke – Diskothek – Kathedrale – Kathete – Labyrinth – Marathon – Theke – Thermometer – Thermophor – Videothek

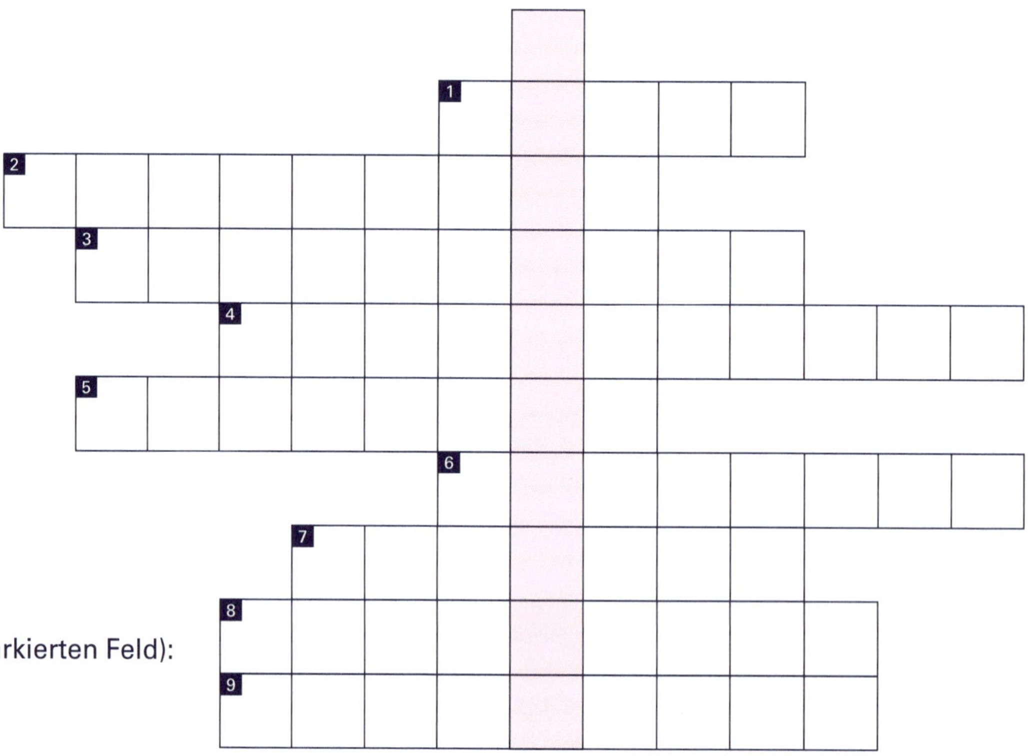

senkrecht (im markierten Feld):
Wärmeflasche

waagrecht:
1. Schanktisch
2. Tanzlokal
3. große Kirche
4. Wärmegradmesser
5. Langstreckenlauf
6. Verkaufsstelle für Arzneimittel
7. Seite im rechtwinkeligen Dreieck
8. Videoverleih
9. Irrgarten

Ü 142

Leite von den unter A angeführten Nomen Adjektive auf -isch und von den unter B angeführten Adjektiven Nomen ab!

A		B	
die Psychologie	psychologisch	analytisch	die Analyse
die Hysterie		systematisch	
der Typ		symbolisch	
der Zynismus		hygienisch	
der Rhythmus		lyrisch	
die Dynamik		zyklisch	

Englische Fremdwörter auf y bilden im Deutschen die **Mehrzahl**, indem ein **s** angehängt wird. (Im Englischen bilden sie die Mehrzahl auf -ies.)

Beispiele:
das Baby/die Babys, das Hobby/die Hobbys, die Party/die Partys,
die Story/die Storys, der Teddy/die Teddys

Ü 143

In den folgenden Sätzen fehlen die Fremdwörter mit y. Ergänze sie! Sie sind im Kästchen angeführt.

Bundeshymne – Hyänen – Märtyrer – Physik – Pyramiden – Typhus – Tyrannen

1. Letzte Woche haben wir in ____ die Relativitätstheorie besprochen.
2. Nur wenige Österreicher/innen können die drei Strophen der ____ auswendig aufsagen.
3. Mehrere ____ stritten sich heftig um das Aas.
4. Die ägyptischen ____ sind äußerst beeindruckende Bauwerke.
5. Der heilige Stephan, der gesteinigt wurde, wird als ____ verehrt.
6. Die beiden schrecklichen ____ fielen einem Mord zum Opfer.
7. Da wir in die Tropen auf Urlaub fahren, lassen wir uns gegen ____ impfen.

Fremdwörter aus dem Englischen und Französischen

Ü 144 **In den beiden Wortschlangen verstecken sich 14 aus dem Englischen übernommene Verben. Grenze sie durch Längsstriche ab und ordne sie den Worterklärungen richtig zu!**

chattencheckenfoulenjoggenshakenshoppenskaten

snowboardensprayensteppenstoppenstylensurfenzappen

1. den Gegenspieler regelwidrig behindern: ____________________
2. im Internet suchen, wellenreiten: ____________________
3. im Internet plaudern: ____________________
4. Stepp tanzen: ____________________
5. langsam laufen: ____________________
6. einkaufen: ____________________
7. mit Inlineskates fahren: ____________________
8. mit dem Snowboard fahren: ____________________
9. mixen, schütteln, „tanzen“: ____________________
10. sich schön machen, zurechtmachen: ____________________
11. sprühen: ____________________
12. zwischen verschiedenen Fernsehprogrammen schnell hin- und herschalten: ____________________
13. kontrollieren: ____________________
14. aufhalten, die Zeit messen: ____________________

Ü 145 **Ergänze im folgenden Text jeweils das richtige der drei in Klammer angeführten Fremdwörter aus dem Englischen!**
(Natürlich ist es nicht vorteilhaft, wenn man seinen Text nur mit Fremdwörtern spickt. Hier geht es aber um die Übung der Rechtschreibung.)

Die äußerst erfolgreiche englische __________ (Snackbar/Hardware/Boygroup) „The Patchworkguys“, die im letzten Jahr keinen wirklichen __________ (Laser/Flop/Hit) landen konnte, hat es also wieder geschafft. Ihr __________ (Song/City/Dress) aus dem __________ (Chatroom/Soundtrack/Bestseller) zum neuesten __________-Film (Container/Sweater/Fantasy) „The Invasion“ ist seit gestern Nummer 1 in den österreichischen __________ (Notebooks/Matches/Charts). Die __________ (Sheriffs/Fans/Hacker) jubeln über das tolle __________ (Comeback/Copyright/Sightseeing) der vier __________ (simplen/fairen/smarten) __________ (Popstars/Babysitters/Joysticks), deren besonderes Markenzeichen es ist, dass jeweils zwei im __________ (Copyshop/Partnerlook/Swimmingpool) auf der __________-Bühne (Show/Lifestyle/Champion) auftreten. Dieser Erfolg hat den __________-Verkauf (Pullover/Computer/Ticket) für ihr einziges Konzert hierzulande gleich richtig angekurbelt. Am 7. Juli ist es im Ernst-Happel-Stadion in Wien so weit. Der __________ (Crashtest/Comicstrip/Countdown) zu diesem Großereignis läuft.

Ein ____ (Training/Download/Doping) der ____ (Shorts/Story/Single) über ____ (Internet/CD-Player/Walkman) ist jedoch nicht möglich, in jedem CD-____ (Highlight/Shop/Camp) ist sie allerdings käuflich zu erwerben. Ist man noch unentschlossen, ob man sie kaufen soll, lohnt sich ein Besuch auf der ____ (Software/Homepage/Skyline) der ____ (Jeans/Rallye/Band), wo man eine kurze Kostprobe des Liedes hören kann. Übrigens, heute Abend ist im Jugendmagazin auf „Ö3" ein ____ (E-Mail/Fastfood/Interview) mit den Sängern zu hören.

Ü 146 **Setze die angeführten Fremdwörter aus dem Englischen richtig in das Kreuzworträtsel ein! Die Bedeutungserklärungen helfen dir dabei.**

Bestseller – Bungeejumping – Copyright – Cockpit – Discjockey – Energydrink – Happyend – Inlineskates – Internetuserin – Jackpot – Secondhandshop – Shoppingcenter – Teamwork – Update

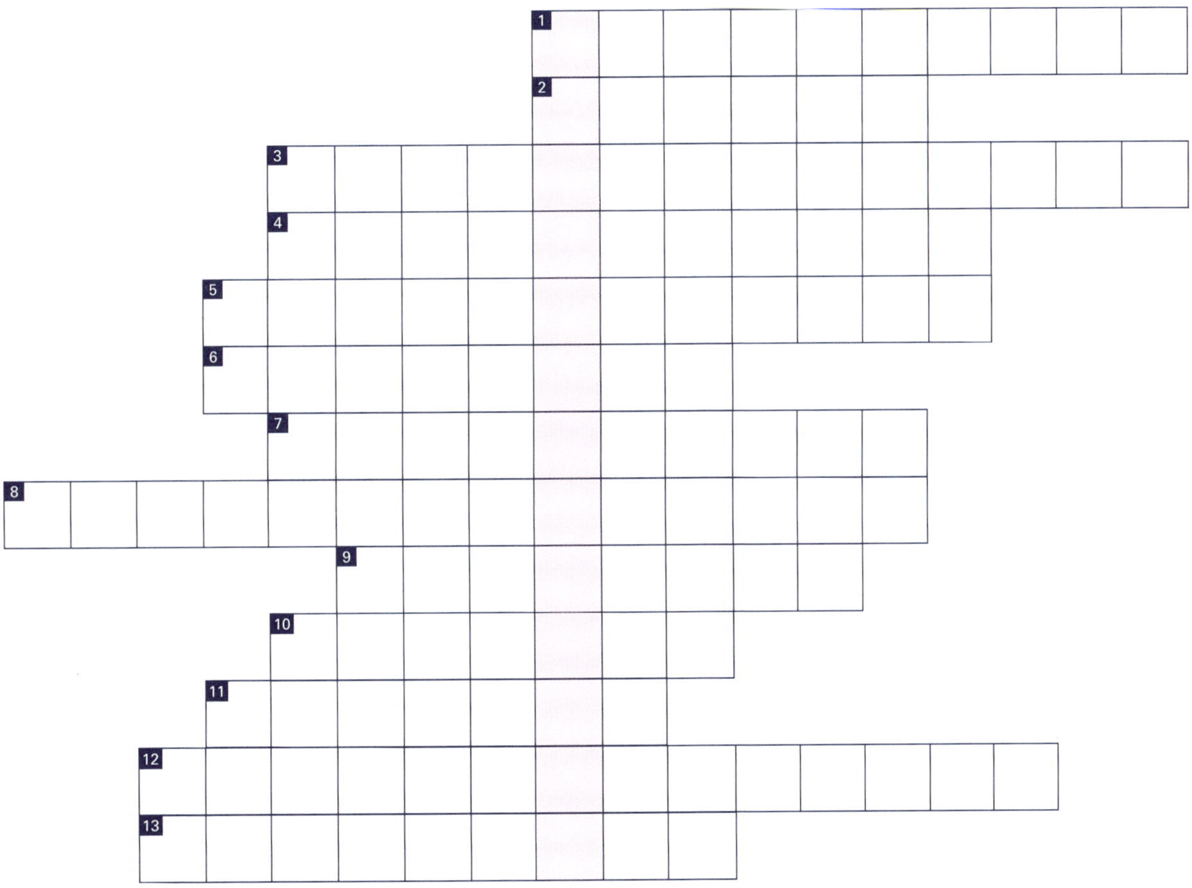

senkrecht: Springen von einer Brücke mittels eines gesicherten Seiles

waagrecht:

1. ein großer Verkaufserfolg
2. neue Version eines Computerprogramms
3. Geschäft für Gebrauchtwaren
4. ein aufputschendes Getränk
5. eine Art Rollschuhe
6. glückliches Ende (z. B. in Filmen)
7. jemand, der CDs ansagt und auflegt
8. Benützerin des Internets
9. Gruppenarbeit
10. hohe Gewinnsumme, z. B. im Lotto
11. Pilotenkabine
12. Einkaufszentrum
13. Urheberrecht

Die französische Nachsilbe **-eur/-eurin** ist häufig in Berufsbezeichnungen zu finden.

Beispiele:
der Chauff**eur**/die Chauff**eurin**, der Jongl**eur**/die Jongl**eurin**,
der Souffl**eur**/die Souffl**euse**, der Dompt**eur**/die Dompt**eurin**

Ü 147

Leite von den angeführten Nomen Berufsbezeichnungen mit der Endung -eur ab! Schreibe in deinem Übungsheft auch die weibliche Berufsbezeichnung auf -eurin auf!

die Regie	________	die Gravur	________
das Arrangement	________	die Installation	________
die Dekoration	________	die Konstruktion	________
das Kommando	________	der Import	________
die Animation	________	die Massage	________
die Restaurierung	________	die Montage	________

Fremdwörter mit zwei Schreibungen

Ü 148

Ordne die angeführten Fremdwörter den Bedeutungsumschreibungen richtig zu! Schlage die Wörter in deinem Wörterbuch nach und notiere zusätzlich die eingedeutschte Schreibweise!

das Bouquet – der Coupon – die Drainage – das Joghurt – der Katarrh – das Ketchup – die Mayonnaise – die Myrrhe – die Polonaise – die Sauce – die Spaghetti – der Waggon – die Yacht – das Yoga

eine Art saurer Milch: ________
lange, dünne Nudeln: ________
indisches System körperlich-geistigen Trainings: ________
ein kostbares Harz: ________
eine Schleimhautentzündung: ________
eine Art Saft: ________
ein Blumenstrauß, die Blume des Weins: ________
Entwässerung, Entwässerungsanlage: ________
pikantes Gemisch aus Öl, Eiern, Gewürzen u. a.: ________
ein Tanz: ________
ein abtrennbarer Abschnitt (z. B. an Eintrittskarten): ________
eine kalte rote Soße zum Würzen: ________
ein Eisenbahnwagen: ________
ein luxuriöses Boot: ________

Großer Schlusstest

Ü 149

In jedem der angeführten Sätze sind zwei Fremdwörter falsch geschrieben. Unterstreiche sie und schreibe sie unten richtig in die Tabelle!

1. Meine ältere Schwester ist ausgebildete Physioterapeutin und arbeitet seit einiger Zeit in der Ordination eines Ortopäden.
2. Meine Tante bat mich, die auf ihren Namen bestellten Witamintabletten in der Apoteke abzuholen.
3. Eindeutiger Faforit bei der heurigen Schulsprecherwahl war eine mir äußerst symphatische Schülerin aus der siebenten Klasse.
4. Als eines ihrer liebsten Hobbies bezeichnete unser Klassenvorstand das Windsurven.
5. Manuel schloss sein Notbook, griff nach seinem Skatboard und verließ eiligen Schrittes das Schulgebäude.
6. Meine beste Freundin leidet zwar unter Astma, träumt aber davon, einmal in ihrem Leben einen Maraton zu laufen.
7. Die katastrofale Situation der hungernden Bevölkerung in weiten Teilen Afrikas war Tema dieser Fernsehreportage.
8. Ich habe immer noch nicht ganz begriffen, nach welchem Sistem die Bücher in unserer Schulbibliotek aufgestellt sind.
9. Das Faul der Verteidigerin in der Schlussfase des Handballmatches war so schwer, dass der Schiedsrichter die rote Karte zückte.
10. Maximilians Mutter arbeitet als Psichologin, sein Vater ist ein bekannter Filmregissör.
11. Sie gibt noch zwei Löffel Ketschap in die Fleischsoße, rührt um und leert sie über die bissfest gekochten Spagetthi.
12. Niklas, der ein toller Leichtatlet ist, trainiert derzeit intensif für die österreichischen Staatsmeisterschaften im Mehrkampf.
13. In der letzten Spielrunde der Schow werden die beiden verbliebenen Kandidatinnen in einem virtuellen Labyrint ausgesetzt und müssen so schnell wie möglich den Ausgang finden.
14. Auf Initiatife unseres Schularztes soll ab jetzt vor allem im Turnunterricht mehr Wert auf körperliche Higiene gelegt werden.

1.	8.
2.	9.
3.	10.
4.	11.
5.	12.
6.	13.
7.	14.

Kompetenz-Check

Das kann ich jetzt!

Kreuze an, was zutrifft! Falls du dich bei dem einen oder anderen Punkt noch nicht sicher fühlst, blättere nochmals zurück und wiederhole diesen Abschnitt!

	Ich kann …	Falls ich noch unsicher bin, kann ich hier nachschlagen:
☐	… wichtige Fremdwörter mit „f", „ph" und „v" richtig schreiben.	S. 92–93
☐	… wichtige Fremdwörter mit „th" und „y" richtig schreiben.	S. 94–95
☐	… wichtige Fremdwörter aus dem Englischen und Französischen richtig schreiben.	S. 96–98
☐	… Fremdwörter nennen, die auf zweierlei Weise geschrieben werden können.	S. 98

Die Beistrichsetzung

Im Folgenden werden nur die wichtigsten Regeln der Beistrichsetzung behandelt.

Regel 1: Der Beistrich bei der Aufzählung
Bei Aufzählungen (einzelne Wörter und Wortgruppen) wird **ein Beistrich gesetzt.**
Sind sie mit **und, oder, sowie** verbunden, wird allerdings **kein Beistrich gesetzt.**

Bei **entgegenstellenden Bindewörtern** (Konjunktionen) wie **aber, doch, jedoch, sondern** musst du einen Beistrich setzen.

Keine Beistriche werden gesetzt, wenn Wörter oder Wortgruppen mit **entweder – oder, weder – noch, sowohl – als auch** verbunden werden.

Beispiele:
Ein Schäferhund, ein Bernhardiner **und** ein Dackel tollen auf der Wiese herum.
Wir besitzen keinen Cockerspaniel**, sondern** einen Terrier.
Weder Melanie **noch** Thomas will heute mit dem Hund „äußerln" gehen.

Ü 150

Setze in den folgenden Sätzen die fehlenden Beistriche!

Riesenschlangen:

1. Riesenschlangen kommen nicht in Europa vor sondern nur in tropischen Ländern.
2. Zu den drei berühmtesten Riesenschlangen zählen die Anakonda die Boa und der Python.
3. Wie fälschlicherweise oft behauptet(,) sind diese Reptilien weder giftig noch „wie ein Baumstamm" so groß oder gar „20 Meter lang".
4. Der Python lebt in Afrika Asien und Australien.
5. Pythons sind rührende Mütter: Das Muttertier ringelt sich um die Eier brütet sie aus und verteidigt sie gegen jeden Fresser.
6. Pythons schlagen mit dem Kopf zu werfen so ihr Beutetier um umschlingen es drücken es zusammen und fressen es.
7. Die Anakonda wiederum lebt sowohl in Sümpfen als auch in langsam fließenden Flüssen in Südamerika.
8. Anakondas sind sehr scheu und greifen Menschen nur ungern an.
9. Auch die Boa lebt in Südamerika jedoch im tropischen Regenwald.

(Nach: Reinhold Gayl, Renate Maderbacher: 100 Kinderfragen zur Natur. Frage 33. G&G Verlag, Wien 2007)

Regel 2: Der Beistrich bei Anreden, nach Ausrufen, Bejahung und Verneinung
Vor und nach Anreden wird ein **Beistrich** gesetzt.
Ebenso steht **nach Ausrufewörtern** und nach Wörtern der **Bejahung und Verneinung** ein Beistrich.

Beispiele:
Hast du die beiden Hamster schon gefüttert**, Thomas**?
Ja, ich habe gewusst, dass Blindschleichen keine Schlangen sind.
Können Sie**, Herr Dr. Huber,** meinen Hund wieder gesund machen?

Ü 151 **Ergänze in den angeführten Sätzen die fehlenden Beistriche!**

1. Und du besitzt wirklich ein Chamäleon Silvia?
2. Au jetzt hat mich doch glatt eine Wespe gestochen!
3. Pst dort drüben am Waldrand liegen mehrere Rehe!
4. Die Biologielehrerin fragt: „Kilian was weißt du alles über das Balzverhalten des Auerhahns?“
5. Nein ich habe noch nie eine Schlange berührt.
6. Schau Bernd da flattert eine Fledermaus!
7. Oje jetzt ist der Schmetterling weggeflogen.
8. Nun Beate kannst du zeigen, ob du eine Kuh melken kannst!

Regel 3: Der Beistrich zwischen zwei Hauptsätzen
Zwischen zwei Hauptsätzen (HS) steht **ein Beistrich**. Sie können unverbunden (ohne Bindewort) nebeneinander stehen oder durch ein Bindewort (Konjunktion) miteinander verbunden sein. Man spricht dann von einer sogenannten **Hauptsatzreihe**.
Häufige **Konjunktionen**, die Hauptsätze einleiten, sind:
und, oder, sowie, aber, denn, sondern, doch, jedoch

Einen **Hauptsatz** (HS) erkennst du **an folgenden Merkmalen**:
- Die **Personalform** (= abgewandelte Form des Verbs) steht **an zweiter Stelle**.
- Er **kann allein stehen**.

Die Spezialfälle **und** bzw. **oder**:
Werden zwei Hauptsätze mit „und“ bzw. „oder“ verbunden, so **kannst du einen Beistrich setzen**, du musst aber nicht.

Achtung!
Es gibt auch Hauptsätze mit nur einem Subjekt (S) und zwei Prädikaten.
Vor „und“ bzw. „oder“ darf dann kein Beistrich gesetzt werden.

Beispiele:
In allen Sätzen sind die Personalformen fett gedruckt.

S HS S HS S HS
Ein Ameisenhaufen **ist** wie eine Art Eisberg: Nur ein Teil **schaut** heraus, der größte Teil **liegt** unter der Erde.

S HS S HS
Ein Ameisenhaufen **ist** wie eine Art Eisberg, **denn** nur ein Teil **schaut** heraus.
Der größte Teil **liegt** unter der Erde.

S HS
Blindschleichen **können** absichtlich bei Gefahr ihren Schwanz abwerfen(,) **und** damit
S HS
irritieren sie ihren Angreifer ganz schön.

S HS
Blindschleichen **werfen** manchmal bei Gefahr ihren Schwanz ab und **irritieren** so ihren Angreifer.

Ü 152

Ergänze in den angeführten Sätzen die fehlenden Beistriche! Ist der Beistrich freigestellt, so setze ihn in Klammer! Unterstreiche die Personalformen und markiere die Konjunktionen!

Interessantes aus dem Tier- und Pflanzenreich:

1. Blindschleichen sind keine Schlangen sondern sie gehören eindeutig zu den Eidechsen.
2. Im Gegensatz zur Blindschleiche kann keine Schlange blinzeln denn ihre Augenlider sind verwachsen und durchsichtig.
3. Fleisch fressende Pflanzen können Menschen nicht gefährlich werden das gibt es nur in Horrorfilmen.
4. Storchenfrau und -mann sehen haargenau gleich aus man kann Weibchen und Männchen nicht voneinander unterscheiden.
5. Fledermäuse sind keine Mäuse man sollte sie darum besser Flattertiere nennen.
6. Meerschweinchen kamen einst „übers Meer“ und sehen ein bisschen wie Schweine aus man nannte sie daher Meerschweinchen.
7. Eidechsen und Salamander sehen einander zwar sehr ähnlich aber Eidechsen gehören zu den Kriechtieren und Salamander zu den Lurchen.

Regel 4: Der Beistrich zwischen Hauptsatz und untergeordnetem Satz
Zwischen Hauptsatz und untergeordnetem Satz (Gliedsatz, Attributsatz) steht immer **ein Beistrich**. Sie bilden ein sogenanntes **Satzgefüge**. Der untergeordnete Satz kann vor oder nach dem Hauptsatz stehen, aber auch in diesen eingeschoben sein.
Der **Gliedsatz** (GS) wird mit einer **Konjunktion**, der **Attributsatz** (AS) mit einem **Relativpronomen** bzw. einer **Verbindung aus Relativpronomen und Präposition** eingeleitet.

Einen **untergeordneten Satz** erkennst du **an folgenden Merkmalen**:

- Die **Personalform** steht **an letzter Stelle**.
- Er kann **nicht allein stehen**. Er muss mit einem Hauptsatz verbunden sein.
- Er hat **meistens ein Einleitewort** (Konjunktion, Relativpronomen).

Hauptsatz und Gliedsatz
Gliedsätze werden z. B. durch folgende **Bindewörter** (Konjunktionen) eingeleitet:
dass, wenn, nachdem, als, weil, da, obwohl, indem, sodass, ob …

Ist der Gliedsatz in einen Hauptsatz oder in einen anderen Gliedsatz eingeschoben, so wird er am Beginn und am Ende durch einen Beistrich abgegrenzt.

Beispiele:

HS **GS**
Eine Biene **stirbt**, nachdem sie einen Warmblüter gestochen **hat**.

GS **HS**
Nachdem sie einen Warmblüter gestochen **hat, stirbt** eine Biene.

HS **GS**
Warmblüter **haben** eine sehr zähe und elastische Haut, **sodass** der Stachel der Biene,
GS **GS**
weil er einen Widerhaken **hat**, stecken **bleibt**.

HS **GS** **HS**
Die Biene **reißt sich**, **wenn** sie dann **wegfliegt**, den Stachel mitsamt der Giftdrüse aus dem Leib.

Ü 153

Ergänze die fehlenden Beistriche!
Unterstreiche die Personalformen und bestimme Hauptsatz und Gliedsatz!
Markiere die Konjunktionen!

Schmetterlinge im Winter

1. Traurige Tatsache ist leider dass die meisten Schmetterlinge nur einige Wochen leben und sterben bevor der Winter kommt.
2. Nur einige wenige Schmetterlinge verkriechen sich in Baumritzen oder Gebäuden wo sie geschützt vor dem Frost in einer Art Starre den Winter verbringen ohne dass sie fressen oder sich bewegen.
3. Diese Schmetterlinge sieht man daher wenn sie aus ihrem Winterschlaf erwacht sind als erste Falter im Frühling.
4. Obwohl man es kaum für möglich hält fliegen manche Schmetterlingsarten in riesigen Schwärmen wie die Zugvögel im Herbst in den Süden weil dort die Temperaturen milder sind.
5. Im Frühjahr kommen sie allerdings meist so geschwächt bei uns an dass sie gerade noch Eier legen können.
6. Sobald sie dies erledigt haben sterben sie.
7. Während das Tagpfauenauge und der Zitronenfalter den Winter bei uns verbringen zieht es den Admiral und den Distelfalter in den Süden.
8. Da Schmetterlinge Insekten sind sehen sie in ihrer Jugend ganz anders aus.
9. Erst nachdem sich die Raupen in Puppen verwandelt haben schlüpfen die fertigen Schmetterlinge.
10. Jeder von uns kann Schmetterlinge schützen indem er auch ihre Raupen und Puppen beschützt.

(Nach: Reinhold Gayl, Renate Maderbacher: 100 Kinderfragen zur Natur. Frage 64. G&G Verlag, Wien 2007)

Hauptsatz und Beifügesatz

Ein **Beifügesatz** (Attributsatz, AS) wird durch **ein bezügliches Fürwort** (Relativpronomen) oder eine **Kombination von einem bezüglichen Fürwort und einem Vorwort** (Präposition) eingeleitet.

Bezügliche Fürwörter sind: **der, die, das; welcher, welche, welches**
Beispiele für Kombinationen von bezüglichem Fürwort und Vorwort:
in dem, ohne den, bei dem ...

Ist ein Beifügesatz (AS) in einen Hauptsatz eingeschoben, so wird er am Beginn und am Ende durch einen Beistrich abgegrenzt.

Beispiele:

HS **AS**
Gibt es eigentlich Spinnen, **die** tödliche Bisse austeilen **können**?

HS **AS** **HS**
Spinnen, **die** tödliche Bisse austeilen **können**, **gibt** es in den Tropen und in vielen heißen Ländern.

HS **AS** **HS**
Das Gift, **mit dem** eine Spinne eine Fliege **umbringt**, **muss** aber noch lange nicht einem Menschen schaden.

Ü 154

Ergänze die fehlenden Beistriche!
Markiere die Personalformen und unterstreiche die Beifügesätze!

Wie giftig sind Spinnen?

1. Alle Spinnen haben zwei große spitze Klauen am Mund mit denen sie die Beute töten.
2. Das Gift welches in den Klauen enthalten ist wirkt noch dazu als Verdauungshelfer.
3. In Österreich gibt es keine Spinne die uns wirklich schaden kann.
4. Auch die großen Spinnen zu denen die Kreuz- und die Hausspinne zählen können uns nichts tun.
5. Der Dornfinger der eine ziemlich große Spinne mit braunroten Giftzangen ist gilt als giftigstes heimisches Exemplar dieser Tierart.
6. Diese Spinne die man so gut wie nie frei herumlaufen sieht lebt in einem hühnereigroßen festen Kokon den sie häufig auf den Gräsern anlegt.
7. Bissstellen die von einem Angriff des Dornfingers herrühren können stark anschwellen und sich entzünden.
8. Menschen die auf Spinnenbisse allergisch sind sollten dann unbedingt einen Arzt aufsuchen.
9. Im Prinzip sind aber Spinnen Tiere vor denen man weder Angst haben noch sich grausen muss.
10. Spinnennetze die oft mühsam hergestellt wurden stellen bewundernswerte Kunstwerke dar.
11. Und nicht zuletzt sind Spinnen gute Verbündete des Menschen im Kampf gegen die Gelsen die sie gründlich aus der Luft fangen.

(Nach: Reinhold Gayl, Renate Maderbacher: 100 Kinderfragen zur Natur. Frage 36. G&G Verlag, Wien 2007)

Zwischen zwei Gliedsätzen bzw. zwei Beifügesätzen, die **mit „und" bzw. „oder" verbunden** sind, wird **kein Beistrich** gesetzt.

Beispiele:
Traurige Tatsache ist, **dass** die meisten Schmetterlinge nur einige Wochen leben **und dass** sie noch vor dem Winter sterben.
Als giftigste heimische Spinne gilt der Dornfinger, **den man** so gut wie nie frei herumlaufen sieht **und der** in einem hühnereigroßen Kokon lebt.

Die Spezialfälle **wie** und **als**:
Vor **wie** und **als** steht nur ein Beistrich, wenn ein vollständiger Satz (= Vergleichssatz) folgt.

Beispiele:
Der Afrikanische Nimmersatt ist ebenfalls ein Storchenvogel und größer **als** unser Weißstorch.

Der Afrikanische Nimmersatt ist ebenfalls ein Storchenvogel und größer, **als** es unser Weißstorch **ist**.

Ü 155

Ergänze die fehlenden Beistriche!

1. Der Marabu lebt nicht wie die anderen Störche. Er ernährt sich nämlich von Aas wie es die Geier tun.
2. Der Marabu ernährt sich wie die Geier von Aas.
3. Delfine beherrschen wie die Fledermäuse die „Schall-Ortung".
4. Delfine beherrschen die „Schall-Ortung" wie es auch bei den Fledermäusen der Fall ist.
5. Der Siebenschläfer verschläft mehr als ein halbes Jahr nämlich sieben Monate.
6. In Südamerika isst man Meerschweinchen so wie bei uns Hasen und Hühner.
7. In Südamerika isst man Meerschweinchen so wie man hierzulande Hasen und Hühner verspeist.
8. Schlangen sind viel geschickter als es Blindschleichen üblicherweise sind denn sie können auch schwimmen und klettern.
9. Schlangen sind viel geschickter als Blindschleichen die eigentlich Eidechsen sind.
10. Welse machen Jagd auf andere Fische und saugen sie wie ein Staubsauger mit ihrem Riesenmaul ein.

Regel 5: Der Beistrich bei Zusätzen
Zusätze, das sind nachgestellte Erläuterungen, nachgestellte Beifügungen und Appositionen, werden in einem Satz **durch Beistriche abgegrenzt**. Sie können in einen Satz eingeschoben sein oder an seinem Ende stehen.
Wörter, die nachgestellte Erläuterungen einleiten, sind zum Beispiel:
nämlich, besonders, also, vor allem, und zwar ...

Beispiel:

Zusatz
Welche Schlangen, **giftige oder ungiftige**, gibt es in Österreich?

Zusatz
Ich habe noch nie eine Schlange gesehen, **weder eine giftige noch eine ungiftige**.

Ü 156

Ergänze die fehlenden Beistriche! Unterstreiche die Zusätze!

Schlangen in Österreich

1. In Österreich leben zwei giftige Schlangenarten und zwar die Kreuzotter und die Sandviper und vier ungiftige und zwar die Ringel- Würfel- Schling- und die Äskulapnatter.
2. Im Gebiet um den Neusiedler See hat es früher noch eine dritte Giftschlangenart die Wiesen- oder Spitzkopfotter gegeben. Sie gilt aber als ausgestorben.
3. Sandviper und Kreuzotter vor allem erkennbar am dunklen Zickzackband am Rücken und an der grauen Farbe leben nur im Gebirge die Sandviper noch dazu an wenigen sehr heißen Stellen.
4. Die Sandviper auch als Hornotter bezeichnet hat zudem ein aufgebogenes Horn auf der Schnauzenspitze.
5. Im Tiefland z. B. an der Donau oder in der Nähe von Wien gibt es keine Giftschlangen.
6. An sonnigen Stellen insbesondere auf Holzschlägen mit Himbeeren Lichtungen Felshalden usw. kann man leicht auf Schlangen treffen.

7. Die Äskulapnatter unsere größte heimische Schlange wird fast zwei Meter lang.
8. Die Schlingnatter leicht verwechselbar mit der Kreuzotter trägt auf dem Rücken ein Muster aus dunklen Flecken.
9. Glattnatter und Äskulapnatter beide sehr bissig leben an heißen Plätzen und an Waldrändern.
10. Würfelnatter und Ringelnatter einander im Würfelmuster sehr ähnlich unterscheiden sich vor allem in der Länge und ihrer Schnauze.

(Nach: Reinhold Gayl, Renate Maderbacher: 100 Kinderfragen zur Natur. Frage 35. G&G Verlag, Wien 2007)

Regel 6: Der Beistrich bei Nennform- und Mittelwortgruppen
Nennformgruppen (Infinitivgruppen) **und Mittelwortgruppen** (Partizipialgruppen) **können durch einen Beistrich vom übrigen Satz abgegrenzt werden**, sie müssen es aber nicht. Allerdings sind Sätze durch das Setzen von Beistrichen oft leichter zu verstehen.

Beispiele:
Nennformgruppe:
Der Hund hört auf (,) den Briefträger anzubellen.

Mittelwortgruppe:
Laute Schreie ausstoßend (,) zieht ein Greifvogel seine Kreise am Himmel.
Von einer hungrigen Löwin gejagt (,) gelingt der Gazelle doch die Flucht.

Ausnahmen:
Infinitivgruppen werden immer durch Beistrich abgetrennt, wenn folgende drei Fälle vorliegen:

1. Sie werden mit **um, ohne, statt, anstatt, außer, als** eingeleitet.
   Beispiele:
   Vogelmännchen singen, **um** ihr Revier **abzugrenzen**.
   Ohne auf die giftige Schlange **zu achten**, lief die Hyäne über den Stein.

2. Sie **hängen von einem Nomen ab**.
   Beispiele:
   Die Löwin scheitert bei dem **Versuch**, eine Antilope zu reißen.
   Hasen haben die **Fähigkeit**, Haken zu schlagen.

3. Sie werden **durch ein Verweiswort angekündigt**.
   Beispiele:
   Der Waschbär vermeidet **es**, der Klapperschlange zu nahe zu kommen.
   Der Gesang des Vogelmännchens dient auch **dazu**, Weibchen anzulocken.
   Insekten in der Nacht zu orten und zu fangen, **das** ist Fledermäusen mit Hilfe eines entwickelten Echo-Orientierungssystems möglich.

Nachgetragene Mittelwortgruppen werden immer mit Beistrichen abgegrenzt.
Beispiele:
Ein Greifvogel, **nach Beute Ausschau haltend**, zieht am Himmel seine Kreise.
Ein Greifvogel zieht am Himmel seine Kreise, **nach Beute Ausschau haltend**.

Großer Schlusstest

Ü 157

Ergänze in den folgenden Sätzen die fehlenden Beistriche!
Beistriche, die freigestellt sind, setze in Klammer!
Unterstreiche die Infinitiv- und Partizipialgruppen!

Wanderheuschrecken

1. Sich sehr rasch vermehrend bilden Wanderheuschrecken riesige Schwärme.
2. Im Larvenstadium besitzen sie nur kurze Flügelstummel. Damit zu fliegen das ist ihnen nicht möglich.
3. Sich in dieser Zeit hüpfend fortbewegend fressen sie ganze Plantagen leer.
4. Alle paar Tage häuten sie sich. Wieder größer geworden hüpfen sie dann weiter.
5. Nach der letzten Häutung mit gut ausgebildeten Flügeln aus ihrer Hülle geschlüpft fliegen sie als Riesenschwarm weiter.
6. Wo sie einfallen, fressen sie alles kahl. Es ist dann äußerst schwierig sie zu bekämpfen.
7. Jede Heuschrecke ist zehn Zentimeter groß. Wie viel diese Tiere dann als Riesenschwarm in sich hineinstopfen das ist leicht abzuschätzen.
8. Die Wanderheuschrecken vom Flugzeug aus zu vergiften das ist aber kein guter Weg. Deren natürliche Feinde sterben dann natürlich ebenfalls wenn sie diese fressen.

(Nach: Reinhold Gayl, Renate Maderbacher: 100 Kinderfragen zur Natur. Frage 56. G&G Verlag, Wien 2007)

Ü 158

Jetzt geht es darum, dass du alle gelernten Beistrichregeln anwendest.
Setze im angeführten Text die fehlenden Beistriche!
Beistriche, die freigestellt sind, kannst du in Klammer setzen.

Stimmt es dass Gelsen an ansteckenden Krankheiten schuld sind?

Ich kann dich beruhigen denn so einfach ist das nicht. Nur in den Tropen lebt eine Sorte von Stechmücken also von Gelsen oder Moskitos die tatsächlich eine tödliche Krankheit bewirken kann die Malaria.

Diese Krankheit wird durch winzige Lebewesen hervorgerufen die sich im Blut des Menschen schnell vermehren und ihn dadurch töten können. Und diese kleinen Tierchen auch Malaria-Erreger genannt leben in den tropischen Moskitos und kommen ins Blut wenn die Mücke sticht um Blut zu saugen.

Ansteckend ist die Krankheit also nur über einen Umweg: Kein Malaria-Kranker kann einen anderen Menschen direkt anstecken. Nur wenn eine Mücke einen Malaria-Kranken sticht nimmt sie die Erreger auf. Diese machen ihr aber nichts aus. Und beim nächsten Stich „impft" sie die Erreger in den Menschen bei dem nun die Krankheit ausbrechen kann. Bei uns kann der Malaria-Erreger nicht leben weil der Sommer zu kurz für seine Entwicklung ist. Daher sind Mückenstiche bei uns gefahrlos zumindest was die Malaria angeht. Eine andere Geschichte ist die Hautreizung die ein Mückenstich hervorruft. Die Mücke muss nämlich dafür sorgen dass das angestochene Blut nicht sofort wieder gerinnt sie will es ja aufsaugen. Also gibt sie ihren Speichel der eine gerinnungshemmende Substanz enthält in die winzige Stichwunde. Und die wirkt wie ein leichtes Gift reizt die Haut und juckt. Wir Menschen sind mehr oder weniger empfindlich. Bei manchen wird jeder Gelsenstich zu einer großen rot aufgetriebenen Blase die Ärzte als „Quaddel" bezeichnen. Diese juckt nicht nur sehr sondern viele davon können eine Art Schüttelfrost und Atemnot hervorrufen. Dann muss man sogar wegen einiger einfacher Gelsenstiche zum Arzt.

(Nach: Reinhold Gayl, Renate Maderbacher: 100 Kinderfragen zur Natur. Frage 92. G&G Verlag, Wien 2007)

Kompetenz-Check

Das kann ich jetzt!

Kreuze an, was zutrifft! Falls du dich bei dem einen oder anderen Punkt noch nicht sicher fühlst, blättere nochmals zurück und wiederhole diesen Abschnitt!

	Ich kann ...	Falls ich noch unsicher bin, kann ich hier nachschlagen:
☐	... bei Aufzählungen die Beistriche richtig setzen.	S. 101
☐	... bei Anreden, Ausrufen, Bejahungen und Verneinungen die Beistriche richtig setzen.	S. 101–102
☐	... einen Hauptsatz erkennen und seine Merkmale nennen.	S. 102
☐	... einen Gliedsatz erkennen und seine Merkmale nennen.	S. 103
☐	... einen Attributsatz (Beifügesatz) erkennen und seine Merkmale nennen.	S. 104
☐	... bei Verbindungen von Hauptsatz und Hauptsatz die Beistriche richtig setzen.	S. 102–103
☐	... bei Verbindungen von Hauptsatz und Gliedsatz die Beistriche richtig setzen.	S. 103–104, 106
☐	... bei Verbindungen von Hauptsatz und Attributsatz die Beistriche richtig setzen.	S. 104–105
☐	... bei Appositionen und erklärenden Einschüben die Beistriche richtig setzen.	S. 106–107
☐	... bei Nennform- und Mittelwortgruppen die Beistriche richtig setzen.	S. 107

Die Schreibung mit Bindestrich und Ergänzungsbindestrich

Der Bindestrich

1. Regel:
In **Zusammensetzungen** von Wörtern **mit Einzelbuchstaben, Abkürzungen** und **Ziffern** setzt man einen **Bindestrich**.

Beispiele:
- Zusammensetzung mit Einzelbuchstaben: der i-Punkt, x-förmig
- Zusammensetzung mit Abkürzungen: das AV-Medium, der CD-Brenner
- Zusammensetzung mit Ziffern: ein 14-jähriger Bub, der 14-Jährige

Ü 159 **Schreibe die angeführten Wortzusammensetzungen mit Einzelbuchstaben und Abkürzungen richtig mit Bindestrich auf!**

Beispiele:
ADur ⟶ A-Dur
EDVUnterricht ⟶ EDV-Unterricht

1AKlasse		UBahn	
FKKStrand		zförmig	
TShirt		LKWFahrverbot	
HandballWM		EMail	
AHSLehrerin		HIVnegativ	
CO_2Ausstoß		EGitarre	
CDPlayer		DVDLaufwerk	
xbeinig		yAchse	

Ü 160 **Schreibe die angeführten Wendungen mit Ziffern und Bindestrichen auf!**

Beispiele:
ein achtstöckiges Haus ⟶ ein 8-stöckiges Haus
ein dreibeiniger Hund ⟶ ein 3-beiniger Hund
der Dreiachteltakt ⟶ der $^3/_8$-Takt

ein vierblättriges Kleeblatt – eine fünfteilige Fernsehserie – ein neunjähriges Mädchen – mehrere dreisilbige Wörter – ein zehnseitiges Manuskript – eine siebenköpfige Familie – der Zwanzigjährige – eine Zweidrittelmehrheit anstreben – hundertprozentig Recht haben wollen – etwas fünfmal versuchen – ein Lied im Dreivierteltakt – ein zweifärbiges Bild

2. Regel:
Vor Nachsilben setzt man **nur** dann einen **Bindestrich**, wenn sie mit einem **Einzelbuchstaben** verbunden sind.

Beispiel:
beim x-ten Mal, aber: zwei 100stel, ein SPÖler, 10%ig (= 10-prozentig)

Ausnahme:
Verbindungen aus Ziffer und -fach können **sowohl mit als auch ohne Bindestrich** geschrieben werden.
Beispiel: 3-fach/3fach

Ü 161

Ersetze den unterstrichenen Wortteil durch eine Zahl und schreibe die Wendung auf!

in achtfacher Ausfertigung	ein Dreißigstel des Gewinns
einen Achttausender besteigen	ein Viertel Wein
ein siebenprozentiger Preisnachlass	sich zweifach bedanken
den Fünfer (= z. B. Straßenbahnlinie) nehmen	einen Dreier (= Schulnote) bekommen

Regel 3:
Bindestriche werden **in nominal gebrauchten Zusammensetzungen** gesetzt – hier vor allem **bei nominal gebrauchten Infinitiven mit mehr als zwei Bestandteilen**.
Beachte dabei die Groß- und Kleinschreibung!
Bei nominal gebrauchten Infinitiven mit mehr als zwei Bestandteilen schreibt man das erste und letzte Wort groß, dazwischen nur die, die ein Nomen sind.

Beispiele:
das Sich-nicht-damit-abfinden-**W**ollen, das **A**uf-die-lange-**B**ank-**S**chieben

ABER:
das Schifahren, das Eislaufen (Hier handelt es sich um einfache Zusammensetzungen mit Infinitiv.)

Ü 162

Verwandle die angeführten Wendungen in nominal gebrauchte Zusammensetzungen, indem du den Artikel „das" davorstellst! Schreibe sie auf!

sich grün und blau ärgern	das Sich-grün-und-blau-Ärgern
den Kopf in den Sand stecken	
von der Hand in den Mund leben	
an den Haaren herbeiziehen	

Regel 4:
Ein **Bindestrich** steht **zwischen allen Bestandteilen mehrteiliger Zusammensetzungen**, in denen eine **Wortgruppe** oder eine **Zusammensetzung mit Bindestrich** auftritt.

Beispiele:
ein Fünfcentstück ⟶ ein 5-Cent-Stück
der Fünftausendmeterlauf ⟶ der 5000-m-Lauf
der Erste-Hilfe-Kurs, das Kopf-an-Kopf-Rennen

Ü 163

Schreibe die Zusammensetzungen mit Bindestrich auf!
Verwende für die Teile, die unterstrichen sind, Ziffern!

der Achtstundentag		die Fünftagewoche	
der Fünfuhrtee		das Zweibettzimmer	
das Dreisternehotel		das Dreimeterbrett	
der Hundertmeterlauf		die Vierzigstundenwoche	

Regel 5:
Ein **Bindestrich kann gesetzt werden** unter anderem
- zur **Hervorhebung einzelner Bestandteile**
  Beispiele: die Ich-Erzählung, der dass-Satz;
- zur **Gliederung unübersichtlicher Zusammensetzungen**
  Beispiele: die Lotto-Annahmestelle, ein englisch-deutsches Wörterbuch;
- beim **Zusammentreffen von drei gleichen Buchstaben**
  Beispiele: der See-Elefant, das Fußball-Länderspiel

Ü 164

Schreibe die folgenden Zusammensetzungen mit Bindestrich auf!

die Schwimmmeisterschaften – die Icherzählerin – das Seeende –
die Computerhardware – die Teeernte – die Gewinnnummer –
der Basssänger – die Kontrolllampe – die Buchbinderlehre

____
____
____
____

Der Ergänzungsbindestrich

Der Ergänzungsbindestrich steht als **Ergänzung für ausgelassene Wörter oder Wortteile**.
Er kann den ersten oder den letzten Bestandteil betreffen.
Man vermeidet dadurch unnötige Wiederholungen.

Beispiele:
Hauptsätze und Gliedsätze ⟶ Haupt- und Gliedsätze
computergesteuert und computerunterstützt ⟶ computergesteuert und -unterstützt

Ü 165

Schreibe die angeführten Verbindungen mit Ergänzungsbindestrich auf! Achte darauf, ob der erste oder der letzte Bestandteil durch einen Ergänzungsbindestrich zu ersetzen ist!

1. Buntstifte und Bleistifte — Bunt- und ______
2. Bundesgymnasium und Bundesrealgymnasium — ______
3. hinlaufen und herlaufen — ______
4. abnehmen und zunehmen — ______
5. Schulbücher und Schulhefte — ______
6. einpacken und auspacken — ______
7. Bücherkästen und Bücherregale — ______

Großer Schlusstest

Ü 166 **Wandle die angeführten Wendungen in Zusammensetzungen mit Bindestrich um!**

ein Gegner des AKW	ein AKW-Gegner
ein Beauftragter der UNICEF	
ein Kommissar der EU	
eine Station der U-Bahn	
frei von FCKW	
die Besatzung des U-Boots	
der Generalsekretär der UNO	
eine Schülerin der HAK	

Ü 167 **Bilde mehrteilige Zusammensetzungen mit Bindestrichen!**

ein Schein, der 20 Euro wert ist	ein 20-Euro-Schein
ein Zimmer, das 4 Betten hat	
eine Flasche, die 2 Liter fasst	
der Lauf, der über 60 m geht	
eine Wohnung mit 5 Zimmern	
ein Motor, der 6 Zylinder hat	
der Turm, der 10 m hoch ist	

Ü 168 **Ergänze die fehlenden Bindestriche und schreibe die Wörter richtig auf! Beachte, dass einige nicht mit Bindestrich geschrieben werden!**

ein 15Tonner – das xte Mal – in 3facher Auflage – die sSchreibung – eine 7stellige Zahl – ein 5silbiges Wort – mit 10stündiger Verspätung – der 5:4Sieg – ein 80jähriger Mann – der kmStand – das SICH/NICHT/BETROFFEN/FÜHLEN – die 90erJahre – das Dehnungsh – ein 20seitiger Bericht – eine 30%ige Abnahme – ein 100stel – der 4/4Takt

Ü 169

Schreibe die angeführten Verbindungen mit Ergänzungsbindestrich auf! Achte darauf, ob der erste oder der letzte Bestandteil durch einen Ergänzungsbindestrich zu ersetzen ist!

a. Facharzt für Zahnheilkunde, Mundheilkunde und Kieferheilkunde	b. Modefotografin und Modedesignerin
c. HTL für Hochbau und Tiefbau	d. Lernstoff und Lernziel
e. Ferienbeginn und Ferienende	f. Olympische Sommerspiele und Winterspiele
g. Ladenöffnungszeiten und Ladenschlusszeiten	h. Schädlingsbefall und Schädlingsbekämpfung

a. Facharzt für ______

b. ______

c. ______

d. ______

e. ______

f. ______

g. ______

h. ______

Kompetenz-Check

Das kann ich jetzt!

Kreuze an, was zutrifft! Falls du dich bei dem einen oder anderen Punkt noch nicht sicher fühlst, blättere nochmals zurück und wiederhole diesen Abschnitt!

	Ich kann ...	Falls ich noch unsicher bin, kann ich hier nachschlagen:
☐	... die Regeln 1 bis 5 zur Verwendung des Bindestrichs anwenden.	S. 110–112
☐	... die Regeln zur Verwendung des Ergänzungsbindestrichs anwenden.	S. 113